eビジネス新書

No.335

週刊**東洋経済**

EC覇権バトル

業界を挙げ、誰もが安心・安全にスマホ決済を利用できる環境

PayPay　メ Pay　LINE Pay

好きなときに
受け取る

JAPAN

Let's Start Today

週刊東洋経済 eビジネス新書 No.335

EC覇権バトル

本書は、東洋経済新報社刊『週刊東洋経済』2019年11月9日号より抜粋、加筆修正のうえ制作しています。情報は底本編集当時のものです。(標準読了時間 90分)

EC覇権バトル　目次

ZOZO買収は序章にすぎない

激変する小売りの主戦場

Zホールディングス傘下のヤフーは2019年10月28日、ソフトバンクと共同で運営するスマートフォン決済サービス「PayPay（ペイペイ）」の名を冠した新しいEC（電子商取引）「PayPayモール」で、総額100億円相当のポイントをユーザーに付与すると発表した（実施期間は20年3月31日まで）。

「100億円」を前面に出したのは、18年12月と19年2月に続き3回目だ。最初の2回は、リアル店舗でペイペイを使って支払った金額に対し最大20%がユーザーに還元されるという内容だった。今回は決済する場面がリアルからネットに置き換わる。

EC市場の競争は激しさを増している。火をつけたのはZホールディングス（ZH

Ｄ）によるＺＯＺＯの買収だ。過去最大となる約４０００億円を投じ、苦手だったファッション分野の取り込みを狙い、１１月１３日に買収は完了した。

必死の攻勢かけるヤフー

長らくアマゾン、楽天の後塵を拝してきたヤフーにとって、ＺＯＺＯの買収とペイペイ関連のＥＣサービス投入は乾坤一擲（けんこんいってき）の大勝負だ。ペイペイ関連ではフリマアプリ「ペイペイフリマ」でも購入金額の最大２０％相当を還元するキャンペーンを行い、首位メルカリに追いすがろうとしている。

ヤフーのコマース事業を統括する小澤隆生・取締役専務執行役員は一連の攻勢によって「街中でもネットでもペイペイを使ってもらう仕組みをつくる。（ＥＣ事業は）２０年代前半に国内ＥＣでナンバーワンを目指す」と意気込む。

これに対し、楽天も対抗意識を隠さない。三木谷浩史会長兼社長は「楽天のファッション関連流通総額は（ＺＯＺＯの２・５倍超に当たる）８０００億円だ。ネットショップだけでなく、リアル店舗にもマーケティング支援を積極的に行っていきたい」と気を吐く。

リアル店舗側では丸井グループのように、体験型店舗や飲食店を「売らない店」と定義し、リアルの場をあくまで消費のきっかけに位置づける動きも広がっている。「店舗の役割を販売する場所から『体験する場所』へと変えていく」（青井浩社長）。売らない店の出店テナントは、自社ＥＣを手がける「Ｄ２Ｃ（ダイレクト・トゥ・コンシューマー）」と呼ばれる企業が多い。

ヤマトが一転値下げ提案

年率１割近くの成長を続け、約１８兆円まで膨らんだ日本のＥＣ市場だが、ＥＣ事業者にとって頭が痛い問題も浮上している。配送料の値上がりだ。

ＥＣ市場の拡大に伴い、宅配会社が取り扱う宅配便の個数は１８年度に４２億６０６１万個となった（トラック運送）。ただその分、荷物を運ぶ現場にシワ寄せが来ており、17年4月には宅配最大手のヤマト運輸が働き方改革の一環で、荷受量抑制や値上げの方針を発表するに至った。佐川急便や日本郵便などほかの宅配会社もこの動きに続き荷主に混乱が広がったことから、一連の出来事は「宅配クライシス」や「ヤマトショック」と呼ばれる。

こうした中、EC事業者自らが物流網を構築する動きが広がっている。アマゾンは17年ごろから地域限定の配送業者「デリバリープロバイダ」との契約を本格化。19年1月から個人事業主に直接業務委託をする「アマゾンフレックス」を始め、現在1都2県の14エリアで展開している。その結果、アマゾンにおけるヤマトへの委託比率はここ2年で7割強から3割強へ低下した。

アマゾンは18年1月に平均約4割の値上げをヤマトからのまされた。だが体制整備後も荷物が集まらず、「ここに来てヤマトはアマゾンに対し、逆に1割強の値下げを提案した」（デリバリープロバイダ幹部）という。「大手宅配会社はラストワンマイルは自分たちにしか担えないと考えているが、それは全国で配送網を維持した場合の話。都市部に限ってしまえば個人事業主も含めてラストワンマイルを担えるプレーヤーは大勢いる」と語る関係者は多い。

アマゾンに限らず、楽天も18年7月に大手宅配会社に頼らない独自物流網を構築する「ワンデリバリー」構想を発表している。期間は明示していないが、この構想の実現には2000億円を投じるとしている。ヤフーは連結化しているアスクルや買収したZOZOの物流網を生かす方針だ。

18兆円規模に成長

―個人向け物販のEC市場―

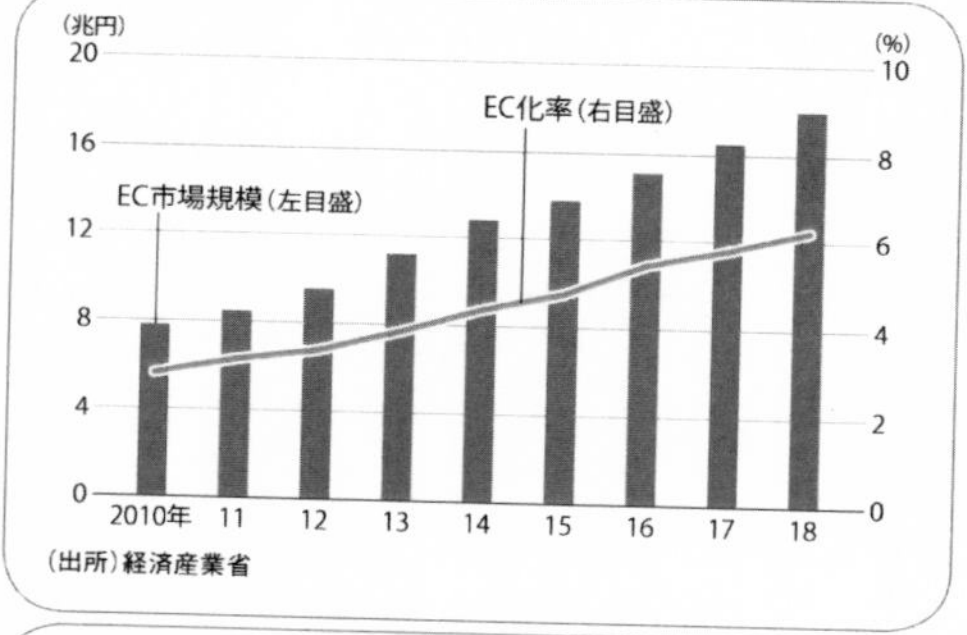

増え続ける宅配便

―年間の宅配便(トラック運送)取扱個数―

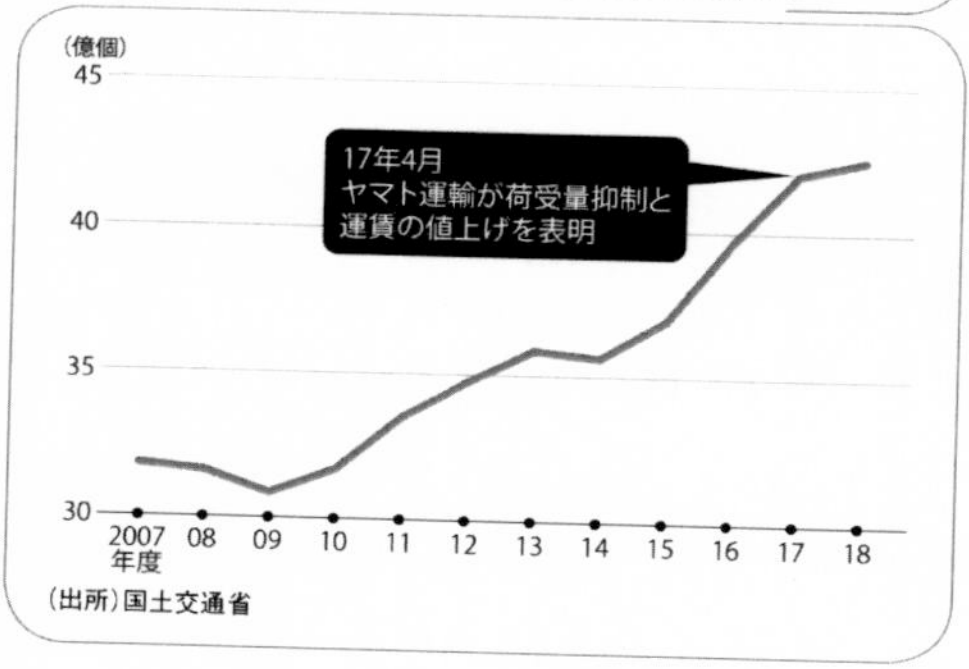

国の予算でポイント還元

ＥＣ市場が継続的に成長しているとはいえ、小売事業者からすると、資本力がないと戦えない環境になっているのは事実。そんな中、中小の小売事業者に救いの手を差し伸べるように１９年１０月から始まったのが、国の「キャッシュレス・消費者還元事業」だ。

同事業は２０年６月までの期間限定で中小・小規模事業者を対象に、キャッシュレス決済された金額の最大５％分を消費者にポイントとして還元するもの。店舗からすると集客力向上につながるほか、決済端末導入の負担を軽減できる、決済手数料を通常時よりも下げられるなどのメリットがある。

経済産業省によれば、登録加盟店数は１０月２１日時点で約６１万店に上り、１日当たり平均約５０００店の登録申請を受け付けているという。自社で電子マネーを発行する小売事業者向けに登録申請を代行しているアララによれば、「受け付ける経産省側の対応が早いとはいえず、戸惑っている小売事業者は多い」（営業本部ポイント＆ペイメント部部長の山田恵氏）ようだ。

決済事業者側の競争は熾烈だ。ひと頃の数百億円に及ぶキャンペーンは一巡したが、各社は加盟店への営業や広告宣伝費の投下をなおも続け、ポイント還元という国策に乗ろうとしている。

決済事業者や端末事業者向けに決済端末の初期設定や専用アプリのインストールなどトータルサポートを行うヤマトロジスティクスでは、「還元事業が始まってすぐの19年10月から引き合いがある。配送以外のニーズも高い」（営業統括本部営業企画部マネージャーの栗山隆行氏）という。

キャッシュレス決済の普及は増税に伴う負担の軽減にとどまらず、現金取り扱いコストの軽減やデータ活用など広範な効果が見込める。国が支援する理由はここにある。

ソフトバンク・ヤフー連合をはじめとするスマホ決済事業者は、約300兆円に及ぶ日本の家計消費で決済の主導権を握り、そこで得たデータを自社のサービスに生かそうとしている。25年の民間最終消費支出におけるキャッシュレス決済比率は4割弱で、そのうちQR・バーコード決済は10兆円弱になるとの予測もある。すでにキャッシュレス化はあらがえない動きだ。

激変する小売市場において、もはやリアルとネットの境目は消えつつある。ＥＣと決済の動向を追うことで、消費の未来が見えてくるはずだ。

（二階堂遼馬）

ヤフー　3位脱却へ怒濤の大攻勢

日本におけるネットサービスの先駆者でありながら、ＥＣでは長年アマゾン、楽天の後塵を拝すＺホールディングス（ＺＨＤ）傘下のヤフーが、立て続けに攻めの手を打っている。

「国内のＥＣ取扱高でナンバーワンが射程圏に入ってくる」。ファッションＥＣサイト「ＺＯＺＯＴＯＷＮ」を運営するＺＯＺＯの買収発表会見で、ＺＨＤの川邊健太郎社長は高らかにそう語った。

同社にとって過去最高となる約４０００億円の買収で狙うのは、ＥＣ市場全体で最も規模が大きいファッション分野を取り込みたいからにほかならない。「ヤフーには若年女性客が少なく、販売チャネルとして魅力が薄い」（アパレル企業幹部）といわれてきただけに、顧客層は20～30代の女性が中心で中高価格帯の有名ブランドを多く取り込むZOZOに狙いを定めたのは必然的な流れでもあった。

足りなかったピース

長くネット広告事業一本足で成長してきたヤフーが、ECのテコ入れに動いたのは2013年。「eコマース革命」と称し、それまで店舗に課していた出店料と売上手数料を無料化した。出店のハードルを競合他社より下げることで、商品数を9000万個（14年3月末）から3・3億個（19年6月末）まで急増させた。

17年からは、ソフトバンク（SB）のスマートフォン利用者向けなどにポイント付与率を最大で20％とする施策を打ち出し、買い手を拡大することにも成功している。

一方で手薄だったのが、ファッション領域を中心とした有力店舗の取り込みだ。「店舗数の拡大に注力するあまり、店舗の質にばらつきが出てしまった。有力ブランドに出店をお願いすると、『イメージ悪化のおそれがあるのでうちはヤフーに出せない』と言われることも少なくなかった」と、コマースカンパニーの畑中基ショッピング統括本部長は明かす。

こうした欠点を補うためあらゆる議論を社内で行う中で、「ZOZOを買収できればいちばんいい、という話は実は数年前から出ていた」（ヤフーのコマースカンパニー関係者）という。

ZOZOというピースの獲得を通じてヤフーがクリアを狙うもう1つの課題が、収益性の改善だ。ZHDにおけるコマース事業（ヤフーショッピングやオークションサービス「ヤフオク!」の合計）の業績は、売上高が順調に拡大している一方、利益は漸減傾向にある。ヤフーショッピングは出店料と売上手数料の無料化によって、収益源がサイト内に掲載する広告のみという事業モデルになり、収益が伸び悩んでいる。

売り上げ増に寄与しているのは15年に連結化したアスクルだが、ヤフーと共同運営する日用品EC「LOHACO（ロハコ）」の投資がかさみ、コマース事業全体の収益性低下につながっている。

18年度に上場後初の営業減益となったZOZOではあるが、営業利益率は20％超とヤフーの8・6％に比べれば十分高く、EC事業者の中でも依然として高い水準を誇る。ヤフーにとってはZOZOの買収で、利益のかさ上げ効果が図れるという面も大きかった。

■ 利益は漸減傾向
―Zホールディングスのコマース事業の業績―

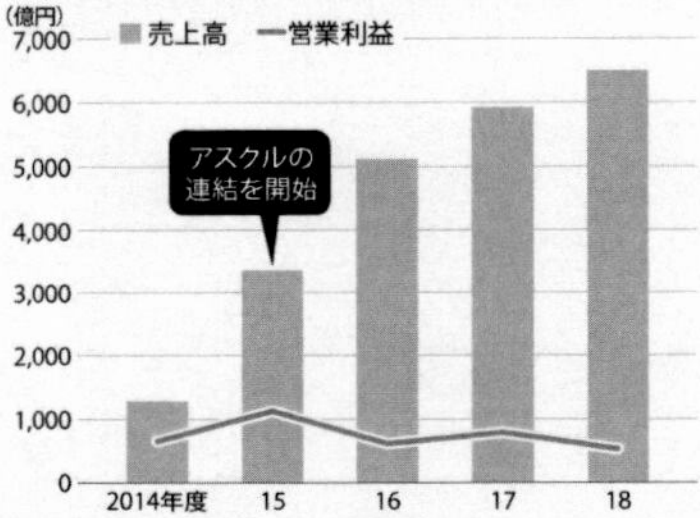

(注)各3月期、2017年度から決済金融事業を含む形に開示セグメントを変更　(出所)Zホールディングスの決算資料

■ 買収や店舗・利用者向け施策を次々講じる
―ZホールディングスのEC関連の沿革―

2012年　4月	アスクル株の約40%を取得(330億円)、持ち分法適用会社化(15年に連結子会社化)
13年 10月	「Yahoo!ショッピング」の出店料と売上手数料を完全無料化
16年　2月	旅行サイトを運営する一休の株の約94%(約1000億円)を取得、連結子会社化
17年　6月	「Yahoo!ショッピング」でソフトバンク利用者向けにポイント10倍付与を開始
18年 10月	ソフトバンクとの合弁でスマートフォン決済サービス「PayPay」を開始
19年　8月	アスクルの定時株主総会で創業社長の再任を否決、経営めぐり同社と衝突
10月	PayPayブランドのECサービス「PayPayモール」「PayPayフリマ」を開始
19年中	ZOZO株を最大50.1%取得(約4000億円)、連結子会社化へ

(出所)Zホールディングスの発表資料を基に本誌作成

孫会長が重大関心

こうした積極策の背中を押したとみられるのが、親会社ソフトバンク（ＳＢ）の存在だ。

孫正義会長は事あるごとに「いつになったらアマゾン、楽天に勝てるのか」とヤフー経営陣に問いただしているという。「ヤフーは柱の広告事業も失速している。ヤフー経営陣の業務遂行能力やスピード感にＳＢが改善余地ありとみて、しっかり面倒を見る方向に変わった可能性はある」（シティグループ証券株式調査部の鶴尾充伸ディレクター）という見方もある。

親子間の連携が先に色濃く表れたのが、スマホ決済だ。１８年6月、当初は「Ｙａｈｏｏ！ＪＡＰＡＮ」アプリ内でスマホ決済サービスを始め加盟店開拓も進めていたが、それから1カ月足らずで、ＳＢとの合弁で「ＰａｙＰａｙ」を開発し出直す方針に切り替えた。その後、ペイペイ社はＳＢの親会社であるソフトバンクグループ（ＳＢＧ）からも追加出資を受け、巨額のキャンペーンに踏み込んだ。

さらに19年6月には、SBはヤフーへの出資比率を約12％から44％超に引き上げ連結子会社化した。SBの宮内謙社長はこの狙いについて「これまで（SBG傘下の）兄弟会社として協業してきたが、親子となりヤフーを伸ばした利益が直接当社に上がってくるようにしたほうが、よりシナジーを発揮できる」と語っている。

ZOZOの買収もSBの存在抜きに語れなかった。ZOZOの創業者で筆頭株主だった前澤友作氏は、かねて孫氏に私淑。19年6月、前澤氏が孫氏に進退の相談を持ちかけたところ、孫氏がヤフーの川邊氏を紹介。その後、前澤氏が自身の株式をヤフーに売却可能であるとの意思を表明し、トントン拍子に交渉が進んだ経緯がある。

既存サービスと区別

グループの力を総動員しECでの攻勢を強めているヤフーが、さらに10月から切り札として開始したのが、ECの新サービス「PayPayモール」と、フリーマーケットサービスの「ペイペイフリマ」だ。

ＰａｙＰａｙモールには、玩具のタカラトミー、英家電メーカーのダイソン、化粧品のファンケルなど約６００店舗が名を連ねる。ＺＯＺＯも他モール向けで初めて出店する。配送や顧客対応の面でヤフーショッピングより厳しい出店基準を設けることで、従来のヤフーショッピングとは違うイメージを根付かせることを目指している。

出店者に対しては、販売額に応じた売上手数料を課す代わりに、ヤフー側は売りやすさ、買いやすさを重視したページデザインを商品カテゴリーごとに用意するという。またペイペイ利用者に向けて総額１００億円相当のポイントを還元するキャンペーンを行う（２０年1月３１日まで）など、集客面でも店舗をバックアップする。

一方のペイペイフリマは、先行するフリマアプリ大手のメルカリがオプションとして展開している匿名配送を当初から全取引に一律で適用し、安心・安全を担保できる取引体制などを売りにする。こちらでも購入金額に対し最大２０％の還元キャンペーンを行った。

２つのサービスにペイペイの冠をつけていることについて「ペイペイでは短期間にかなりの利用者を獲得することができた。リアル店だけでなく、ネットでの買い物においてもペイペイなら便利でお得と感じて使ってもらえるようにしたい」と前出の畑中氏は話す。

キャンペーンの発表会見でEC事業の統括責任者である小澤隆生・取締役専務執行役員は「買い物でたまったポイントやフリマの売上金をリアル店やECでも使ってもらいたい。ペイペイが循環するように促したい」と語った。

■ **ペイペイ関連の新サービスを追加**

—ヤフーのECラインナップ—

新品系

YAHOO! JAPAN ショッピング

- 毎月の出店料、売上手数料が無料
- 全商品カテゴリー統一のページデザイン
- ソフトバンク利用者向けにポイント優遇

ロハコ(アスクルと共同運営)も出店

PayPayモール NEW

- 掲載手数料3%を徴収
- 従来より厳しい基準で選んだストアのみ掲載
- 商品カテゴリーごとにページデザインを最適化
- PayPayモールの掲載商品はYahoo!ショッピングにも掲載

ZOZOも出店

中古品系

ヤフオク!

- 出品者には個人とストアが混在
- 個人の出品システム利用料が原則無料
- 定額出品、非会員でも出品可能な「フリマ」機能も

PayPayフリマ NEW

- 個人間の利用に特化
- 全商品送料無料(出品者が負担)
- ヤフオク!の「個人出品」「固定価格」商品も閲覧・購入可能

ヤフーがあえて既存サービスと別のものをつくったのには、SBGの出資先である中国アリババが念頭にあることも関係している。

アリババのECサービスは、個人を含む中小商店が中心の総合モール「淘宝（タオバオ）網」から始まり、その後有名ブランドが数多く出店するプレミアムモール「天猫（ティエンマオ：Tモール）」が生まれた。タオバオでは出店者と利用者の裾野を広げ、Tモールでは安心・安全な買い物を担保しつつ顧客単価を上げるという、役割分担ができている。ヤフーはこれを模倣しようというわけだ。

ごり押しともいえるペイペイ関連サービスの拡充は、ともすれば戦略が分散することにもなりかねない。ZOZOの買収を含め、一刻も早く成果を出すことがヤフー経営陣には求められている。

（長瀧菜摘）

兄弟会社・ヤフーはノウハウを学べるか

アリババの次世代リテール構想

ヤフーがEC事業で師と仰ぐのが、中国アリババグループ（以下、アリババ）だ。ヤフーの筆頭株主がソフトバンクグループ（SBG、45・52%保有）なのと同様、アリババの筆頭株主もSBG（26%保有）である。ヤフーにとって兄弟会社のアリババは、学ぶべき格好の教材となっている。

アリババの存在感を物語るのは、膨大な流通総額だ。個人が主体のECサイト「淘宝網（タオバオ）」と法人限定のECモール「天猫（Tモール）」を合わせた2018年度の流通総額は4兆8200億人民元（72・3兆円）に上り、楽天の国内EC流通総額の21倍強に当たる。直近決算におけるタオバオとTモールの流通総額比率は55対45だが、全体の伸びはTモールが牽引している。

Ｔモールでは17年から、単にＥＣのプラットフォームを運営するだけではなく、出店企業に対する商品開発の支援にも乗り出している。Ｔモールにおけるユーザーの購買データを独自のアルゴリズムを用いて分析する専門部署をつくり、出店する小売企業やメーカーに提供。19年3月には資生堂がその専門部署と戦略的提携を結んでいる。

中国の消費動向に詳しい野村総合研究所の郷裕氏は「中国ではＥＣ消費のボリュームゾーンが、30代後半～40代から20～30代のデジタル世代へと移ってきている。商品開発の支援は、マスである地方の若年層を狙うために必要な戦略だ」と指摘する。

データを使い商品開発

一連の取り組みについて実験場となるのが、毎年開催する「独身の日」と呼ぶ巨大セールだ。18年の独身の日は1日で約3・2兆円の流通総額を計上した。Ｔモールを統轄するプレジデントの蒋凡（ジィアンファン）氏は、10月21日のキックオフイベントで「購買データを出店企業の商品開発に活用してもらい、開発された新商品をTモールに投入してもらう好循環をつくりたい」と語った。

19年の独身の日のテーマは「新消費」。地方のユーザー獲得のためにアリババが負担する割引原資は、合計500億元（7500億円）規模だと発表した。同時に19年は18年比1割増となる20万以上の企業がTモールに出品し、商品点数は100万点を超える力の入れようだ。例えば米国の大手食品・飲料メーカー、モンデリーズ・インターナショナルは、19年の独身の日でナッツとドライフルーツを組み合わせた、「オレオ」の新商品を提供する。「アリババのデータを活用し、中国で人気のあるヘルシーな食材を使った限定商品を開発した」（中国事業本部長のヨースト・ファンデレン氏）。

独身の日に限らず、アリババは海外の中小企業も積極的に誘致している。19年3月から日本や米国などで始めた中国向け商品の輸出代行サービスを通じ、「海外企業の数を増やし品ぞろえ拡大につなげたい」（Tモール国際アジア事業本部長のウィリアム・ザオ氏）と意気込む。

一方のヤフーは、データを掛け合わせ商品開発などを支援する事業を19年10月に始めたばかり。自社のECに寄与するような成果はまだだ。SBGの孫正義会長兼社長はヤフーの経営陣に対し、アリババに学ぶようハッパをかけているようだが、ヤフーは応えられていない。

アリババはデータを使った商品開発のほかにも個人商店のデジタル化を支援する「零售通（LST）」やECの配送拠点にもなる生鮮スーパー「盒馬鮮生（フーマーシャンシェン）」で先進的な取り組みを行っている。ヤフーはこれらのノウハウをできるだけ早く吸収する必要がある。

（佃　陸生）

進むアウトレット化　ZOZOつまずきの真因

「お互いの弱点を補い、強いところを伸ばし合える、結婚のような提携だ。ZOZOの未来は大きく開かれる」

9月12日、Zホールディングス（ヤフー）によるZOZOの買収会見で、ZOZOの創業者で筆頭株主の前澤友作氏は感慨深げにこう語った。前澤氏は月旅行の準備などを理由に同日付で社長を辞任し、保有株も大半を売却する意向を示した。

国内最大のファッション専門EC「ZOZOタウン」を運営するZOZOは、創業21年目にして最大の転換期を迎えている。約1300ある出店ショップからの手数料を収入源に成長の階段を駆け上がってきたが、2019年3月期は上場後初の営業減益に陥った。株価も18年7月のピークから、足元はその約半分まで下落している。

最大の要因は、第2の収益柱を目指したPB（プライベートブランド）事業の失敗にある。18年1月に販売を開始し、無料配布した採寸用ボディースーツ「ZOZOSUIT（ZOZOスーツ）」での計測データを基に、顧客一人ひとりに最適なサイズの商品を送るという、近未来的な販売手法で拡販をもくろんだ。

だが、生産面の準備不足でZOZOスーツやPB商品の数カ月に及ぶ配送遅延が多発。一部の顧客から「届いた商品のサイズが合わない」という声が上がり、採寸精度の問題も露呈した。19年3月期のPB売上高は期初計画の200億円を大きく下回る27億円となり、PB事業は大幅な縮小を余儀なくされた。

■ **前期は上場後初の営業減益に**

—ZOZOの売上高・営業利益—

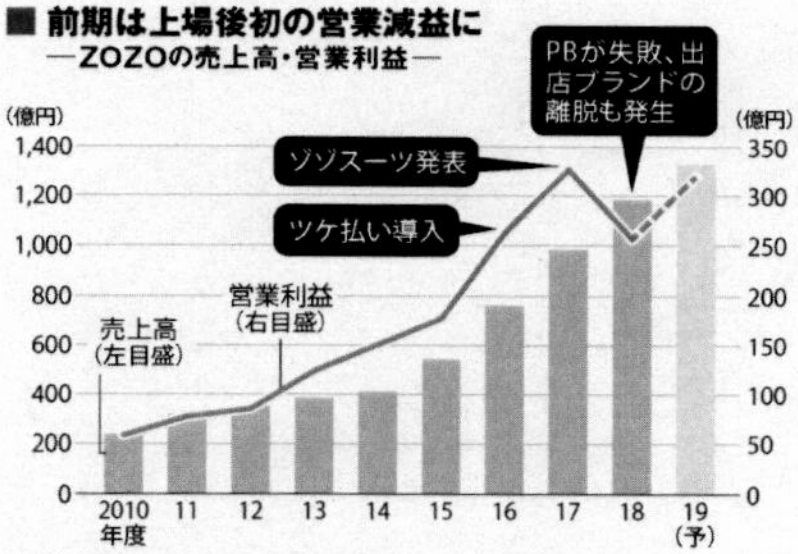

(注)各3月期、2019年度は本誌予想　(出所)ZOZOの決算資料

■ **急成長を遂げたが直近はトラブルも目立った**

—ZOZOの会社沿革—

1998年　5月	輸入CDなどの通信販売事業で前澤友作氏が会社設立
2004年 12月	「ZOZOTOWN」の運営開始
07年 12月	東証マザーズに上場(12年に東証1部に変更)
11年 10月	ソフトバンクとの合弁でZOZOTOWN中国進出、13年に撤退
16年 11月	支払いを最大2カ月延期できる「ツケ払い」を導入
17年 11月	採寸用ボディースーツ「ZOZOSUIT」の予約受け付け開始
18年　1月	PB(プライベートブランド)「ZOZO」の販売開始
10月	社名をスタートトゥデイからZOZOに変更
12月	有料会員向け割引サービス導入、出店ブランドの反発・離脱を招き半年足らずで終了
19年　4月	18年度決算発表。PBの赤字で上場後初の営業減益に
9月	前澤氏が社長退任、ヤフー(現Zホールディングス)による子会社化を発表

(出所)ZOZOの決算・広報資料

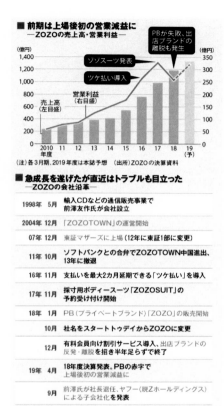

ブランドがZOZOを敬遠

ZOZOタウンの成長自体にも陰りが見え始めている。20年3月期の4～6月(第1四半期)決算では、直近2年間で2～3割の伸びを続けた商品取扱高が、前年同期比プラス1割強にとどまった。

懸念されているのが、アパレル企業による〝ZOZO離れ〟だ。これまでECサイトの運営ノウハウが自社になかったアパレル企業の多くは、集客力があるZOZOタウンにECの多くを頼ってきた。商品撮影から出荷までフルサービスで業務を受託するZOZOタウンはアパレル企業にとって手間がかからない一方、平均3割とされる販売手数料がネックになっていた。ZOZOの専用倉庫に置く商品在庫も、ZOZOタウンでのショップの売り上げが伸びていれば問題なかったが、最近は返品リスクが高まりつつある。

アパレル企業にとっては、ブランドイメージの悪化も懸念材料だ。セレクトショップを軸に取りそろえ、ファッション好きの若者の支持を得たZOZOタウンだが、近年は低価格ブランドの出店が急増。18年7月に郊外中心に展開する「しまむら」が出店した際は、トップ画面でしまむらのロゴを強調するほどの歓迎ぶりだった（現在は退店）。「以前は高感度なブランド中心でサイトの特別感もあったが、一気に量販店化が進んだ」（アパレル幹部）。その結果、商品単価の下落が進みクーポンでの値引き合戦も白熱。中・高価格帯のアパレルの間でイメージへの悪影響を危惧する向きが強まった。

ZOZO離れの動きを加速させたのが、18年末に始めた「ZOZOARIGATOメンバーシップ」だ。月額500円または年額3000円の会費を払えば、ZOZOタウン上の商品が常時1割引になるという有料会員向けサービスだったが、あからさまな割引価格の表示に出店ブランドが猛反発。直後に「23区」などを運営するオンワードHDがZOZOタウン上から撤退するなど混乱があり、サービスは開始からわずか5カ月で廃止となった。

ライバルも攻勢

サイト全体の〝アウトレットモール化〟が進む中、大手アパレル企業の間ではＺＯＺＯタウンに出す商品を限定し、新作商品などは自社サイトで販売する動きが広がっている。自社ＥＣであれば販売手数料もかからず、在庫は店舗と一元的に管理できる。とくに「JOURNAL STANDARD」を手がけるベイクルーズなどが自社ＥＣに力を入れ始めている。

前澤氏はＺＯＺＯの株式を売却する理由について「いろいろな課題に直面している今、経営体制を抜本的に変えるタイミングだった」と説明するが、一連の失策が辞任のきっかけとなった可能性は大きい。

ＺＨＤ傘下入り後のＺＯＺＯはどうなるのか。ＺＨＤの川邊健太郎社長は「グループの総力をもってＺＯＺＯタウンの購入者数を爆増させる」と宣言。２０〜３０代の女性の利用が多いＺＯＺＯタウンへ、３０〜４０代の男性ユーザーに強いヤフーからの送客を促すという。ヤフーが１０月に開設したＥＣサイト「ＰａｙＰａｙモール」

にもＺＯＺＯタウンを出店させる予定だ。

ＺＯＺＯタウンに出店する中堅アパレルの幹部は「ヤフー顧客の流入は一定程度見込める」と期待する一方、大手アパレルの社員は「（ＺＨＤ傘下で）量販店的なイメージが強まる」と漏らす。アウトレットモール化の懸念を打ち消すほどの送客効果が生まれるかどうかは、現時点で未知数だ。

ＺＨＤ・ＺＯＺＯ連合のライバルによる攻勢も強まっている。楽天は１９年１０月にファッション部門のサイトデザインを一新し、同１０月から東京で開催されているファッション・ウィークの冠スポンサーを務める。三木谷浩史社長はＺＨＤ・ＺＯＺＯへの対抗心を隠さない。

前澤氏が去った後の経営体制にも不安が残る。ＺＯＺＯは創業来、事業の方向性を決めるに当たり前澤氏のアイデアや発信力に依存してきた。後任の澤田宏太郎新社長は「この先の成長には安定感が重要」と語り、組織経営を重視する考えを示している。

ただアパレル業界関係者は「（支払いを2カ月先まで延ばせる）「ツケ払い」など斬新なサービスで話題を振りまくのがＺＯＺＯの強みだった。親会社との調整などで時流に合った独自施策を打ちづらくなれば、ほかのＥＣモールとの差別化は難しくなる」と懸念する。

業界の革命児と呼ばれてきたＺＯＺＯは、再成長の一歩をどう踏み出すのか。新体制は難しい舵取りを迫られる。

（真城愛弓）

楽天　潮目変わる商店街ビジネス

気鋭のデザイナーが手がけた最新ファッションを身にまとい、モデルたちがランウェイを行き交う――。これは19年10月14日から1週間、渋谷、六本木、銀座などで行われた「Rakuten Fashion Week TOKYO（RFWT）」の一幕だ。

世界の主要都市で年に2回開催されるファッション・ウィーク。期間中、ブランドによるショーが多数開かれるなどファッション業界の祭典だ。東京では3月と10月に開かれており、19年10月の2020年春夏コレクションから、楽天が冠スポンサーとなった。

前回イベントまで約2年間は、アマゾンジャパンが冠スポンサーを務めていた。楽天は「最低でも10年はやりたい」（三木谷浩史会長兼社長）という気合の入れようだ。

国内のＥＣでアマゾンと双璧を成す楽天。３位のＺホールディングスがＺＯＺＯの買収などで猛追する中、引き離しの策を次々講じている。

その１つがファッション強化だ。楽天の国内ＥＣ事業におけるファッション関連品の流通総額は、「年間で約８０００億円」（三木谷社長）。これはＺＯＺＯの流通総額（３１１３億円、２０１９年３月期）の２・５倍以上に当たる。ただ、廉価なアパレルや雑貨が大半で、中高価格帯の有名ブランドではＺＯＺＯに後れを取っているとみられる。

楽天は１２年から「楽天市場」とは別に、ファッションブランドのＥＣに特化した「楽天ブランドアベニュー」を展開してきた。出店者数は１９年６月に１１００を超え、ＺＯＺＯ（約１３００）に近づく。１０月にはサイトデザインを一新し、サービス名を「楽天ファッション」に変更した。今回のＲＦＷＴもサイト認知度向上策の一つだ。

さらにインフルエンサーを活用した各ファッションブランドの発信力強化にも、楽天が主体となって取り組んでいく。「当社の決済事業と連携した実店舗への送客など、ファッションブランドをトータルに支援できる体制を築きたい」（楽天ファッション事業部の松村亮ジェネラルマネージャー）。

物流強化に2000億円

楽天のEC事業は楽天市場に代表される「場所貸し」が主体で、出店者から出店料（固定料金と販売額に応じた課金）を得る事業モデルだ。楽天はポイント制度「楽天スーパーポイント」やプロ野球球団「楽天イーグルス」を活用してサイト全体の集客力を高め、各店舗の販売を側面から支援してきた。しかし、EC市場の競争激化や構造変化を背景に、これまで店舗に任せていた領域にも深く踏み込む戦略へ転換し始めている。

最たる例が物流だ。ECの荷物量が急増して17年に「宅配クライシス」が発生。ヤマト運輸など大手宅配業者が荷受け制限や値上げに踏み切ったことで、約4・7万の楽天市場出店者も大きな影響を受けた。「需要があっても荷物を運んでもらえなければ、楽天市場全体の成長にキャップがはめられてしまうという強い危機感を抱いた」（物流事業を統括する小森紀昭ヴァイスプレジデント）。

そこで18年7月に楽天が打ち出したのが、大手宅配会社に頼らない独自の物流網を構築する「ワンデリバリー」構想。期間は明示していないが、この構想の実現に2000億円を投じると宣言した。

重点投資分野は2つ。まずは物流拠点の整備だ。楽天は12年に出店者向けに商品の保管から出荷までを担う「楽天スーパーロジスティクス」を開始しており、ワンデリバリー構想発表前に3カ所あった物流拠点を現在は、相模原、市川、流山、枚方、川西、尼崎の6カ所に増やした。20年には千葉、神奈川で新施設を稼働させる。

もう1つが、消費者に荷物を届ける配送網（ラストワンマイル）の増強だ。楽天は16年11月、独自配送「楽天エクスプレス」を開始。当初は日用品販売の「楽天24」、書籍販売の「楽天ブックス」といった楽天の直販部門の商品配送が中心だったが、最近では出店者の荷物の扱いを増やしている。

楽天エクスプレスの対象エリアは着実に広がっている。各地で中小の配送業者と連携、消費者の居住地域近くへ小型配送拠点の設置も進め、日本の人口に対するカバー率は17年の3%からこの9月で30%まで上昇した。19年末60%の目標も「十分達成が見えている」（小森氏）という。

楽天エクスプレス

一部商品を対象に、11都道府県で展開する独自配送サービス

配送開始時期	
2016年 11月	東京都23区
18年 9月	千葉県市川市、船橋市、浦安市、松戸市
10月	東京都府中市、調布市、西東京市など14市 大阪府大阪市24区、堺市 神奈川県横浜市鶴見区など11区、川崎市中原区など3区
11月	埼玉県さいたま市6区、川口市、草加市、戸田市、蕨市
19年 2月	神奈川県横浜市港北区など3区、川崎市高津区など4区
3月	大阪府高槻市など4市1郡町、京都府城陽市など3市2郡町 東京都八王子市など6市、千葉県鎌ケ谷市など2市
5月	千葉県4市、茨城県2市、埼玉県4市1郡町、愛知県名古屋市、兵庫県4市、大阪府3市
8月	宮城県仙台市、名取市、多賀城市
9月	福岡県福岡市、太宰府市など6市5郡町

物流以外の面でも、楽天は国内ＥＣ事業の改革案を矢継ぎ早に打ち出す。出店者向け決済代行サービス「楽天ペイ」を全店に導入する「ワンペイメント」構想に加え、直近では消費者がどの店舗で買い物をしても３９８０円以上購入すれば一律で送料を無料とする「ワンタリフ」構想を発表している。

「楽天市場に対する消費者の不満でとくに強いのが送料体系のわかりにくさ。一部の店舗でワンタリフ導入の実証実験を行ったところ、新規購入者数が１４％伸びた。２０年の２、３月には全店で実現したい」。三木谷社長は１９年８月の戦略共有会で、数千の出店者を前に宣言した。

〝楽天離れ〟の引き金にも

だが、このワンタリフ構想には店舗から反発が強い。配送コストがかかる以上、顧客にとって送料無料となれば出店者が負担するしかない。これまで送料無料の最低購入額を１万円以上に設定していた雑貨を扱う出店者は、「３９８０円以上では利益が出ない。退店するか、事業を縮小するしかない」と嘆く。一部の出店者は、ワンタリフ構想に反対する署名活動を始めた。

家具のECサイト「LOWYA（ロウヤ）」を運営するベガコーポレーションの浮城智和社長は、「競争が激化しているのはわかるが、トップダウンで決まるさまざまな施策は出店者のやる気をそぎかねない」と話す。同社は自社の販売サイトで家具のレイアウト提案などに力を注ぎ、楽天依存度を下げる方針だ。

楽天の国内EC事業の業績（楽天市場、楽天トラベルなどの合計）は、売上高が拡大する一方、営業利益は右肩下がり。「物流への投資はすぐ収益に結び付くものではない。20年以降さらに固定費が重くなりそうだ」（業界アナリスト）。

出店者の離反が進めば、EC事業に逆風となるだけでなく、巨費を投じた物流網の稼働率低迷で、長期的な重荷になる懸念もある。EC事業の外に目を転じれば、楽天は携帯電話事業にも巨額の資金、人的リソースをつぎ込んでいる最中だ。

約20年間、日本のネット商店街ビジネスの先頭を走ってきた楽天。壁を乗り越え、新たな成長ステージに立つための苦闘が続いている。

（長瀧菜摘）

INTERVIEW

配送を自分で管理すれば新しい挑戦ができる

楽天コマースカンパニー　ロジスティクス事業　ヴァイスプレジデント・小森紀昭

ＥＣ事業は荷物を届けるところまで責任を負うビジネスだ。しかし、「宅配クライシス」で、ヤマト運輸をはじめ大手3社に頼りきりでは問題があるとわかった。そうしたリスクを減らすだけでなく、配達までを自分たちの管理下に入れることで、従来実現が難しかったようなサービスに挑戦できる。

好例は玄関先などへの「置き配」だ。希望する利用者の数は劇的に伸びており、幸い（荷物の盗難などの）大きな事故はなく来ている。箱の中身をわかったうえで配送できるので、高価なものを置き配対象から除くなど臨機応変に工夫できる。

運ぶ体制についてもあらゆる取り組みで拡充を進めている。ドライバーの直接雇用はまだないが、一部地域では車を使わない（徒歩などで運ぶ）配達員で、アルバイトを含めた直接雇用で運用する実験を始めている。配送業者との提携やドライバーの直接雇用、「アマゾンフレックス」のような個人への委託など、地域、物量を広げながらベストミックスを探っていく。

ワンタリフ構想に店舗の反発があるのは承知している。だが、利用者の声は非常に重要だ。長く楽天を使っている人なら送料が店ごとにバラバラでも理解がある。でも新しい利用者は違う。本当の日常使いに適した形に進化しなければ、今後の楽天市場の成長はない。

ありがたいことに、施策の趣旨や例外（大型商品や冷蔵・冷凍品）について説明すると、納得し賛同してくれる店舗も少なくない。今後も丁寧にコミュニケーションを取っていく。

小森紀昭（こもり・のりあき）
住友商事で、爽快ドラッグ（後に楽天に吸収合併）の物流などを統括。同社社長を経て、2017年に楽天入社。18年7月より現職。

"自前物流シフト"の衝撃

ＥＣ市場の拡大は宅配会社が運ぶ宅配便の個数を押し上げている。国土交通省の調べによると、２０１８年度に宅配会社が取り扱った宅配便（トラック運送）の個数は、前年度比１・２％増の４２億６０６１万個。ＥＣ市場の伸びが牽引し、ここ数年右肩上がりが続いている。

一方、大手宅配会社のヤマト運輸（１８年度の取り扱いシェア４２・３％）や佐川急便（同２９・３％）の１８年度取扱個数は、統計全体の動きとは逆に前年の水準を割った。理由は１７年に起きた「ヤマトショック」だ。

１６年に労働基準監督署から是正勧告を受けたヤマトは、その後ドライバーの働き方を含む構造改革を迫られ、１７年に荷受量の抑制と運賃値上げを発表した。佐川など多くの宅配会社がこの動きに続き、顧客である荷主の間で混乱が広がったことから、一連の経緯はヤマトショックと呼ばれる。宅配会社は人手不足の中で従業員の労働環境を改善し、荷物の採算を重視することで、あえて取扱数量を追わない戦略を取った。

同じく大手の日本郵便（同22・1％）は前年を上回る個数を記録し、シェアは前年度比1・3％ポイントアップしている。ただこれはヤマトの動きに追随するのが1年ほど遅かったため。19年4～6月期は主力商品「ゆうパック」の取扱個数が前年同期比で3％落ち込んだ。「18年3月ごろから値上げを行った反動で荷動きが鈍い」（日本郵便の諌山親副社長）。

アマゾンの本社が激怒

大手宅配会社の戦略を揺さぶった根本の存在はアマゾンだ。アマゾンは13年から佐川に代わり、大部分の荷物をヤマトに委託していたが、ヤマトによる構造改革の一環で、平均運賃が18年1月に280円前後から400円強へ約4割値上がりした。

複数の関係者によると、このときアマゾンに対するヤマトの値上げ要求が一方的だったため、アマゾンの米国本社幹部は「もうヤマトは使うものか」と激怒したという。

そこでアマゾンが自らの荷物を運ぶ宅配会社として選んだのが、地域限定の配送業者「デリバリープロバイダ」だ。デリバリープロバイダとの契約は17年ごろから本格化しているが、ヤマトショック以降、その比率は年々高まっている。現在契約を結んでいる会社の数は、SBS即配サポートや丸和運輸機関など9社とみられる。

結果として、アマゾンにおけるヤマトへの委託比率は17年4月時点で7割を超えていたが、19年5月時点では3割強にまで下がっている。

ヤマトにとっては構造改革が先決であるものの、アマゾンが日本で出荷する荷物は年間で推定5億個に及ぶ。そのすべてがヤマト向けだったわけではないが、単純計算でヤマトが年間で取り扱う荷物全体の3割弱を占める大口顧客なだけに、ヤマトがその荷物を失う影響は小さくない。

現にヤマトホールディングスの19年度業績は厳しい。19年度は午後の配達に特化した配達員「アンカーキャスト」の採用を前提に一転して荷受量の回復を見込んだが、当てが外れ19年4～6月期は営業赤字に沈んだ。「大口荷主からの荷物の戻りが遅かった」（芝埼健一副社長）。

アンカーキャストは当初、19年度末までに1万人の採用を見込んでいたが、先送りすることも明らかになった（19年8月末時点の採用数は約6500人）。

佐川についてはすでにアマゾンは主要顧客ではないが、働き方改革などの影響で人件費と外注費の負担が重くなっている。親会社SGホールディングスの19年4～6月期営業利益は前年同期比で1・9％減となっている。

ムダが多い既存の配送網

近年ヤマトショックの話題が先行した物流業界だが、小売りの主戦場がECになる時代において、大手宅配会社の存在感が薄れるのは必然の流れでもある。

これまでの宅配便はECの荷物を配送することを前提としたモデルではない。

宅配便のあり方が変わってきている ―従来の配送ルートとECに最適化した配送ルート―

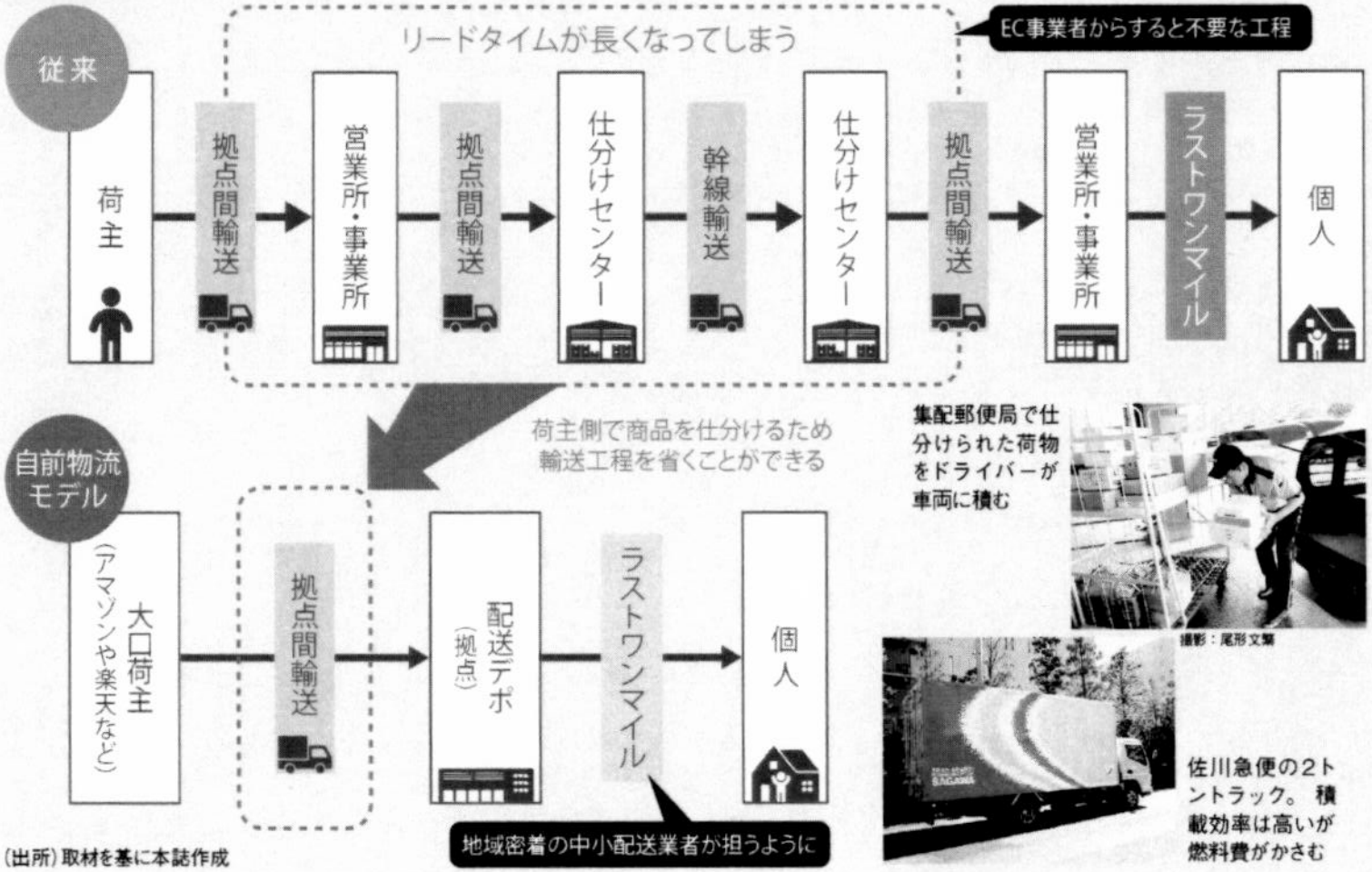

集配郵便局で仕分けられた荷物をドライバーが車両に積む

佐川急便の2トントラック。積載効率は高いが燃料費がかさむ

（出所）取材を基に本誌作成

宅配便の配送ルートが前提とするのは、仕送りや贈答品など個人間（C to C）の小口荷物だ。ECの荷物が法人から個人宛て（B to C）であるのと違い、荷主は個人であり、自宅やコンビニなど出荷地点は多岐にわたる。宅配会社のドライバーが直接個人宅に赴き、集荷するケースもある。こうした荷物を効率的にさばくには営業所や事業所に集荷し、それを近隣の仕分けセンターに一度集約して配送先ごとに仕分ける必要がある。

加えて遠方の地域に荷物を配送する場合、各地の仕分けセンターまで主に幹線で輸送し、そこでまた配送先ごとに仕分けをしなければならない。仕分けられた荷物は配送先に近い営業所・事業所にまとめられ配送先へと運ばれる。

このネットワークを維持するためには、人口密度の低い地域でも多数の事業所とドライバーが必要になる。実際、ヤマトは約4000の事業所を持ち、ドライバーは約4万人いる。佐川も400以上の営業所を持ち、約2万人のドライバーが所属する。輸送工程の多さゆえに配送コストは上昇するが、全国のあらゆる地域で同水準の配送サービスを提供するには必要なアセットとなっている。

だが、アマゾンや楽天など大手ＥＣ事業者からすると、宅配便モデルはムダが多いように映る。エリアごとにまとまった量の荷物を出荷できる大手ＥＣ事業者は個人荷主とは違い、わざわざ宅配会社のドライバーに集荷してもらう必要はないからだ。自社サービス以外の荷物で集荷や仕分け作業に時間を取られると、出荷から配達完了までのリードタイムが延びてしまい、サービスの利便性低下につながるという面もある。

そこで大手ＥＣ事業者を中心に自社の物流拠点から直接、エリアごとの配送デポ（拠点）に輸送し、そこから消費者に荷物を届ける〝自前物流〟と呼べる新しい配送ルートが生まれている。前述のデリバリープロバイダがまさにそれだ。新しい配送モデルでは、配送の方面ごとに荷物を仕分ける作業を荷主がする代わりに、荷主はラストワンマイルだけを地域の中小配送会社や個人ドライバーに委託する。「ドライバーは集荷の必要がなく、任された荷物を届けるだけでよい。業務負担が軽くなり、配送効率もいい」と丸和運輸機関の和佐見勝社長は語る。

これまで仕分け作業を荷主自身が行うのはハードルが高かった。ただ、「機械を使えば物流企業でなくとも一定程度のオペレーションは可能。資本力さえあれば自社で仕分けできる」とローランド・ベルガーの小野塚征志パートナーは指摘する。アマゾンは現在、世界26カ所の自社倉庫で自前のロボットを10万台導入し、オペレーションの自動化を進めている。

一方で、仕分けセンターが存在しない新モデルの配送先は都市部に限定される。配送先が分散していると移動距離が長くなり、さばける荷物数が限られてしまうからだ。逆にいえば、都市部の荷物であれば限られたドライバー数でさばくことができる。拠点についても、荷主から送られてくる荷物を配送までの間だけ保管する小規模の配送デポで済む。

都市部では荷物量さえ確保できれば採算が取れるので、結果的にデリバリープロバイダは配送単価を大手よりも抑えられている。

増える配送の選択肢

新モデルの台頭に伴い、荷主から見た場合の配送委託先は、デリバリープロバイダ以外にも拡大している。

代表的なサービスが日本で19年1月から始まった「アマゾンフレックス」だ。アマゾンが自社の荷物を配送するため個人事業主のドライバーへ直接業務委託をしており、現在1都2県（東京都、神奈川県、愛知県）の14エリアで展開している。1シフト2時間のシフト制なので、ドライバーにとっては働く時間を自由に調整できるという特徴がある。1日5シフトで22日勤務すれば、平均して月額37万～44万円程度の報酬を得られるとうたっている。

アスクルの子会社・エコ配が運営する「エコ配フレックス」でも同じく個人を活用し、アルバイトが法人向けの荷物を配送している。「トラックや軽車両ではなく、台車と自転車を使った配送サービスのため配送員が集まりやすい」（プロジェクトリーダーの片地春幸氏）という。

中小の荷主を対象としたマッチング型のサービスも存在感を増している。物流ベンチャーのCBcloud（シービークラウド）が運営する「PickGo（ピックゴー）」は、1・5万人超のドライバーが登録しており、多くの中小荷主が利用する。ピックゴーは、荷主とドライバーを直接マッチングするサービスだ。「ＥＣ系の荷主を中心に利用が順調に増えてきている。取ろうと思えばいくらでも荷物が取れるほどに引き合いは多い」（松本隆一ＣＥＯ）。

バイク便大手、セルートの展開するＤＩＡｑ（ダイヤク）は、自転車やバイクでの配送が可能なマッチングプラットフォームを１７年８月から始めている。登録者数は４０００人を超えており、主婦や学生などが隙間時間を使って配送を担うケースが多い。「大手宅配便を使った場合と比べ、２割ほど配送費を抑えられる」（プロジェクトリーダーの松崎晋也氏）点を売りにしている。

こうした新興勢力にお株を奪われぬよう、大手宅配会社は持ち前の強みを生かせるＣ to Ｃの需要開拓を進めている。焦点となるのはフリマアプリの荷物だ。

■新たな配送手段が拡大 —荷主から見た委託先の特色—

委託先	大手宅配会社	デリバリープロバイダ	個人事業主	マッチングプラットフォーム
発注元	大小の荷主	アマゾン、ミスミ、MonotaROなど大手荷主	アマゾン、アスクルなど大手荷主	中小の荷主
労働形態	直接雇用	業務委託	ワークシェアリング	ワークシェアリング
代表的な企業、サービスなど	ヤマト運輸、佐川急便、日本郵便など	SBS即配サポート、丸和運輸機関など	アマゾンフレックス、エコ配フレックスなど	PickGo、DIAqなど
勤務形態	フルタイム	フルタイム	シフト単位	業務ごと

(出所)取材を基に本誌作成

フリマアプリの需要開拓

15年4月からヤマトは最大手のメルカリ向けに「らくらくメルカリ便」を提供している。全国一律料金で個人向けの宅急便より安く配送できる点や、匿名配送も可能である点が特徴だ。

これに対し日本郵便も攻勢をかけている。17年6月からヤマトのらくらくメルカリ便と同じような仕組みの「ゆうゆうメルカリ便」を提供開始。ヤマトと違いドライバーによる集荷は行わないが、ローソンや郵便局の窓口で荷物の受け取りができる。さらに19年10月からは、「ゆうパケットプラス」という新サイズの商品をメルカリと共同で開発した。ゆうパケットではこれまで対応できていなかった食器やバッグ、冬物のニットセーターなどの配送で利用を想定している。

■ フリマ需要に応じて、日本郵便が新商品開発

—ヤマト運輸と日本郵便が取り扱う商品群（メルカリ専用）—

	商品名	サイズ	配送料
ヤマト	ネコポス	長辺31.2cm以内、22.8cm以内、厚さ2.5cm以内、重さ1kg以内	全国一律 195円
ヤマト	宅急便コンパクト（サイズは箱型のもの）	長辺25cm以内、20cm以内、厚さ5cm以内、重さ制限なし	全国一律 380円
日本郵便	ゆうパケット	3辺合計60cm以内、長辺34cm以内、厚さ3cm以内、重さ1kg以内	全国一律 175円
日本郵便	ゆうパケットプラス	長辺24cm以内、17cm以内、厚さ7cm以内、重さ2kg以内	全国一律 375円

（注）メルカリ以外の場合は、全国一律料金が適用されない
（出所）各社のサイトを基に本誌作成

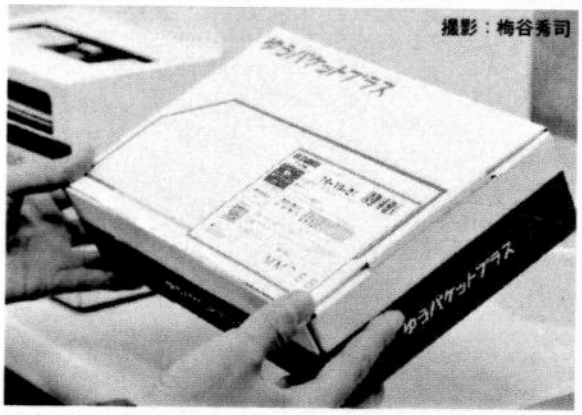

日本郵便がメルカリと共同開発した「ゆうパケットプラス」。税込み65円の専用ボックスを買えば利用できる

大手宅配会社にとってはこのＣ to Ｃ需要を保てなければ、自身が築き上げてきたネットワークの存在意義を問われることになる。大手ＥＣ事業者による自前物流シフトの波にどう対応するのか。ビジネスモデルの再構築に向けた、各社の戦略が問われている。

（佃　陸生、二階堂遼馬）

ヤマトや佐川から顧客が流入　アマゾン需要も永遠ではない

SBSホールディングス社長・鎌田正彦

――EC関連事業の売り上げ成長が際立っています。

2017年秋以降、大手のヤマト運輸や佐川急便などが配送料金を大幅に値上げしたことで、われわれを必要とする荷主が増えた。配送品質も大手には負けていない。午前中に受け付けた荷物は当日午後に、午後に受け付けた荷物は翌日午前に届ける1日2便の配送を1都3県で提供している。主要顧客はアマゾンで、1000台以上の専用車両を用意しているが、コクヨの通販「カウネット」や工具通販の「モノタロウ」などからの配送委託も増えている。

――宅配は企業間物流に比べ、収益性が低いといわれます。

それは事業モデル次第だ。ヤマトのように自社で全国配送網を維持すれば莫大な固定費がかかる。ただ、われわれは配送エリアを人口密度の高い都市部に絞っているので、コスト効率がいい。宅配だから採算が取れない、ということはない。

――アマゾンによる需要はいつまで続きますか。

大口荷主に依存しすぎるリスクはつねに考えている。物流コストが上昇する中、荷主が自社で物流をコントロールしたいと思うのは当然の話。実際にアマゾンは個人事業主のドライバーを囲い込み始めている。

むしろわれわれの強みは3PL（物流業務の一括受託）にあり、宅配はその延長にある。自前で倉庫を手配し賃料を抑えることによって、トータルで荷主をサポートしていく。

（聞き手・佃　陸生）

鎌田正彦（かまた・まさひこ）

1959年生まれ。79年東京佐川急便（現佐川急便）入社。関東即配（現SBSホールディングス）取締役を経て88年から現職。

ドライバーを1万人確保しアマゾンの配送を支えていく

丸和運輸機関社長・和佐見 勝

――アマゾンの需要拡大を受け、専門のドライバーを1万人確保する計画です。

現在抱える宅配ドライバー2000人弱のうち、およそ7割をパートナー企業、2・5割を個人事業主、残りを正社員が占める。これからは独立開業を支援し、個人事業主の数を増やしていく。個人事業主向けには荷物の手配から車両のリースまで支援し、月額60万円の売り上げを保証するほか、完全週休2日制、1キロメートル以内の担当エリアなど働き方にも配慮している。これまでは大手運送企業がドライバーを安く買いたたいてきた面があるが、安心して働ける環境をわれわれが用意する。

――アマゾン向けに傾注することにリスクはありませんか。

2017年にヤマト運輸が荷受量を抑制してアマゾンの荷物があふれそうになったとき、受け皿となり配送を支えたのはわれわれだ。いざというときの頼れるパートナーとしてアマゾンのためにサービスを提供しているので、リスクは感じていない。

3PL事業でも24年前からマツモトキヨシの物流を受託しており、顧客とは強い信頼関係を築くことができている。

――アマゾン自身が個人事業主を束ねる「アマゾンフレックス」が広がってきています。

問題ない。われわれのドライバーはプロ集団であり、(アマゾンフレックスとは)質が違う。ラストワンマイルのノウハウは一朝一夕には築けないはずだ。

(聞き手・二階堂遼馬)

和佐見　勝(わさみ・まさる)

1945年生まれ。73年に丸和運輸機関を設立し、社長就任。2009年からCEO兼任。17年5月から日本3PL協会会長。

今回は「還元」だけじゃない

狂乱キャッシュレス第2幕

「キャッシュレス始めました」「5%還元対象店」「ペイペイ使えます」——。19年10月、消費増税と同時にスタートした政府主導の「キャッシュレス・消費者還元事業」に街中が沸いている。

18年ごろからスマートフォンのQR・バーコードを使った新規のキャッシュレス決済事業者が次々と登場。数千人規模に及ぶじゅうたん爆撃のような店舗への営業、巨額をつぎ込んだポイント還元合戦、大量のテレビCMと、自社サービスを使える店舗と利用者の獲得競争を繰り広げてきた。

とりわけ、ターゲットにしているのが中小企業・商店だ。国内小売り販売額の約7割を占める一方、大手小売りチェーンに比べてキャッシュレス決済の普及が遅れている。

現金主義が根強く残ったこの〝新大陸〟が動き出す起爆剤となったのが還元事業だ。還元事業とは、主に中小商店でのキャッシュレス決済に対し、利用額の5％（もしくは2％）分を消費者にポイントで還元する制度。還元額を含めた関連費用の大半を国が負担するため、登録店舗は約61万店（19年10月21日時点）に膨れ上がっている。

制度運用を担当するキャッシュレス推進協議会によれば、増税直前の19年9月には1日当たりの登録申請が1万件を超えた。「消費者側の盛り上がりを見て様子見だった商店も動き出しており、申請はさらに増えそうだ」（キャッシュレス推進協議会の福田好郎事務局長）。

決済以外の機能を総導入

こうした動きに呼応して、決済事業者は店舗・利用者の獲得で新たな取り組みを行っている。例えば、地域自治体や商店街などを巻き込んだ店舗開拓だ。

ソフトバンク・ヤフー連合が手がける「ペイペイ」は9月、愛知県西尾市とキャッシュレス決済推進に関する連携協定を締結、中小店舗を個別に口説くと同時に、地域全体で導入機運を高める。そのほか石川県金沢市、鹿児島県大島郡与論町などでも商店会や観光協会と協業し、地域商店への導入ローラー作戦を仕掛けてきた。

フリマアプリのメルカリが展開する「メルペイ」も、東京都の高円寺商店街、巣鴨地蔵通り商店街などと組んだ導入・還元企画を実施。巣鴨ではアプリの使い方を一から解説する講座を開き、地域の消費者にもアピールする。

還元率を競ってきた利用者獲得では、ネット系事業者を中心に決済以外のサービスと絡めた囲い込みの動きが活発化している。

ペイペイの中山一郎社長は19年9月、サービス開始1周年の記者発表会で「日常で必要な機能が多岐にわたりそろうスーパーアプリになることを目指す」と表明した。念頭にあるのは、ソフトバンクグループの出資先でもある「アリペイ」(中国)、「ペイティーエム」(インド)など、海外で巨大経済圏を築く決済アプリの成功事例だ。

ペイペイの技術開発を支援するペイティーエムは、ネット通販（ＥＣ）や金融サービス、水道・光熱費の支払い、航空券やホテルの予約など、決済と関連の深い多種多様な機能をアプリに搭載する。今や３・５億人が利用するインド最大のサービスだ。

こうした事例を参考に、ペイペイは１０月にヤフーが開始したＥＣサービス「ＰａｙＰａｙモール」「ペイペイフリマ」に決済機能を導入。グループの配車サービス・ＤｉＤｉ（ディディ）などとの共同企画も展開し、決済にとどまらない生活密着型サービスを目指す。

「ＬＩＮＥペイ」を展開するＬＩＮＥは、スマホ利用に特化した金融サービスを拡充している。８月には野村ホールディングスとの合弁で、スマホ投資サービス「ＬＩＮＥ証券」を開始。口座開設がネットで完結する手軽さなどを武器に、これまで証券会社がリーチしにくかった若年層を取り込む。みずほ銀行と共同出資する新銀行は２０２０年にも立ち上がる。

メルペイは利用者が残高を持っていなくても一定額まで買い物できる「メルペイあと払い」の機能を１９年４月に導入。フリマにおける利用データを基に与信管理を行うことで、クレジットカード（クレカ）に近い利便性を追求した。

主要各社の中で、派手な還元策やテレビＣＭを行っていないのが楽天グループの「楽天ペイ」。１億人以上の楽天会員に対するメールなどでのダイレクトマーケティングで、利用者の開拓を図る。

楽天グループは、クレカで国内首位の流通総額を誇る「楽天カード」、電子マネーの「楽天Ｅｄｙ」、スマホ決済の楽天ペイと、さまざまなキャッシュレス決済手段を取りそろえている。ＥＣ、証券、銀行など顧客基盤も厚い。「特定のサービスを推すより、利用者の必要に応じて複数サービスを快適に使い分けてもらえるよう促すことに注力している」（楽天ペイメントの中村晃一社長）。

■注力領域に各社の「色」が出始めた —スマートフォン決済主要各社のサービス概要—

サービス名	PayPay ペイペイ	LINE Pay LINEペイ	R Pay 楽天ペイ	Pay メルペイ
開始時期	2018年10月	16年5月	16年10月	19年2月
決済対応箇所	150万カ所	171万カ所	300万カ所	170万カ所
利用者数など	登録ユーザー数 1500万人	登録ユーザー数 3600万人 月間利用者数 490万人	非公開	登録ユーザー数（未利用除く） 500万人
特徴と直近のトピック	●広範な営業網を生かした地方の加盟店開拓に強み ●DiDi（配車アプリ）、ユニクロなどグループ内外の他社との協業を加速する	●「友だち」への送金や割り勘のしやすさに強み ●家計簿、証券、仮想通貨取引などお金を「貯める」「増やす」ための自社サービスを拡充する	●1億人以上の楽天ID保有者ベースや、ポイント連携に強み ●クレジットカード、電子マネー、ポイントカードなど楽天の全決済手段を備えた総合アプリで訴求	●メルカリでのフリマの売上金をそのまま決済に使える点に強み ●購入からフリマ出品までを簡便化 ●フリマの利用傾向と掛け合わせた独自与信サービスを育成

（注）決済対応箇所、利用者数などは直近の各社発表による　（出所）各社の情報を基に本誌作成

「入金革命」は起きるか

急速に存在感を高めるネット系各社に対し、NTTドコモとKDDIは携帯電話の契約基盤を生かした利用者の開拓を目指す。加盟店獲得では、LINEペイとメルペイが組むアライアンスに両社とも加わっており、競争と協調を使い分けている。

今や電車移動に欠かせないインフラとなった交通系電子マネー「Suica（スイカ）」は、10月から鉄道利用でポイントがたまるサービスを開始した。20年春からは楽天ペイアプリでスマホ版のスイカを発行できるようにするなど、強みの利便性を磨き上げる。

勢いを増すスマホ決済を銀行も無視できなくなった。19年3月にはみずほフィナンシャルグループ（FG）が主導し、多くの地方銀行と口座接続する「Jコインペイ」が開始。ただ、利用者・加盟店開拓で競合の決済事業者に圧倒的な後れを取っている。

ATMや振り込みでの手数料を貴重な収入源としている銀行にとって、スマホ決済の普及は頭の痛い問題だ。さらに、収入をスマホ決済の残高に直接チャージする動きも強まっている。

LINEペイは7月、従来ある個人間の送金機能に加え、企業から個人への送金機能を追加した。個人向けのファンディング（少額の資金集め）アプリを提供するCAMPFIRE（キャンプファイヤー）などが導入を決めた。LINEは「銀行口座を介さず、スピーディーかつ低コストでお金のやり取りができる」とメリットを強調する。

フリマの売上金をそのまま決済に活用できる点を強みにするメルペイも、9月にクラウドソーシング（小口の仕事を個人に委託する事業）を手がけるランサーズなど3社と提携。一部報酬をメルペイへの直接支払いとする検討を進める。

■ 大手ネット企業以外も取り組みはさまざま
—スマートフォン決済各社の動向—

系統名	サービス名（提供企業）	直近のトピック
通信	d払い（NTTドコモ）	2018年4月開始。加盟店が自社アプリなどで提供している事前注文・決済などのサービスを組み込める機能を提供へ
	auPAY（KDDI）	19年4月開始。楽天から加盟店網の提供を受けるほか、メルペイ、LINEペイ、d払いの加盟店相互開放アライアンスにも参画
金融	J-coin Pay（みずほFGほか）	19年3月開始。大手流通チェーンをみずほ銀行、中小規模店を加入する地方銀行と分担し、加盟店開拓。法人向け経費精算に対応へ
	ゆうちょPay（ゆうちょ銀行）	19年5月開始。同じ「銀行ペイ」利用行と加盟店を相互開放。アプリにクーポン配布機能などを追加
流通	ファミペイ（ファミリーマート）	19年7月開始。Famiポートサービス・公共料金などの収納代行にも対応、過去の買い物内容を確認できる「電子レシート」機能も
交通	Suica（JR東日本）	JR東日本の鉄道利用でポイントがたまるサービス開始。2020年春に楽天ペイアプリでのSuica発行に対応へ

（出所）各社の情報を基に本誌作成

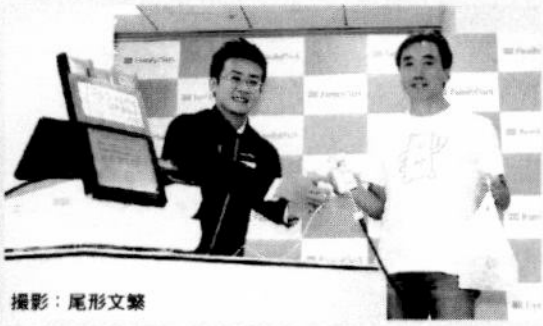

楽天ペイと組んだSuica(左)とファミペイのサービス発表会(右)

労働基準法は「給与」を電子マネーで支払うことは認めていない。前出のＬＩＮＥペイ、メルペイのサービスでもこれを対象外としている。一方、政府では、電子マネーでの給与支払いが可能となるよう、規制を緩和する動きがある。

消費者のお金の入り口と出口を誰が押さえるか。重要性が高まる決済データの争奪戦はさらに激しくなりそうだ。

（長瀧菜摘）

みずほは地銀経由の店舗開拓に遅れ

銀行系キャッシュレスに逆風

キャッシュレス化で勢いを増すネット企業とは対照的に、銀行勢の決済サービスは出遅れが明白だ。

銀行系サービスの中で代表的なのは、みずほフィナンシャルグループ（FG）が主導し、2019年3月にサービスを開始した「J-Coin Pay（Jコインペイ）」。銀行口座から直接電子マネーのチャージができるうえに、ペイペイほかネット決済事業者などとは異なり、口座にお金を戻す際の手数料が無料になる。

最大の特徴は、地方銀行など多数の金融機関を巻き込んでいる点だ。10月25日時点で91の金融機関が参加を表明しており、加盟店開拓などで連携する。参加表明済みの金融機関における口座数の合計は7500万に上る。

19年2月に行われた発表会見で当時Jコインペイの責任者だった山田大介氏（現在は退職）は、「銀行には既存の取引先が多数ある。われわれは加盟店の開拓でほかよりも有利だ」と語っていた。

見劣りする加盟店数

しかし10月に入り政府のキャッシュレス還元事業が始まっても、みずほFGは加盟店数を公表していない。現在サイト上で公表されている大手の加盟店はマルエドラッグ53店と、ウエルシア薬局の約1970店のみ。そのほかに地銀が開拓したわずかな中小事業者の店やZOZOマリンスタジアムなどで利用できるが、150万〜300万店の加盟店網を持つネット企業と比べ大きく見劣りする。「地銀ごとに力の入れ方に差がある」（銀行関係者）。

利用者の数は、19年度末の目標で登録者184万人とのみ公表している。ただすでにペイペイは1500万人、LINEペイは3600万人の規模に到達している。

Ｊコインペイの次に銀行系で存在感を示すのはゆうちょペイに代表される「銀行ペイ」だ。ＧＭＯペイメントゲートウェイが提供するシステムを利用し、１２の銀行がそれぞれのブランドで展開している。各行が開拓した加盟店は相互利用が可能だが、こちらも加盟店数は公表していない。１９年5月には、銀行ペイのアプリを使えば駅券売機で口座から現金を引き出せるサービスを開始している。

三菱ＵＦＪフィナンシャル・グループもデジタル通貨「ｃｏｉｎ」を開発中だ。ブロックチェーンを用いたデジタル通貨となる予定で、１円未満の取引や、外部の企業に対し、独自のデジタル通貨を発行・提供する仕組みも想定している。１９年後半の実用化を目標としているが、１０月時点で正式な時期の発表はない。

不当な圧力の疑惑も

各社手探りの状態が続く銀行勢だが、みずほＦＧデジタルイノベーション部次長の齋藤直紀氏は、「異業種にも勝てる」と意気込む。

ネット系を中心に決済サービスは利用者に対する大規模なキャンペーンを打ち出しているが、今後の勝負はいかに日常的な消費で使ってもらうかに軸足が移っている。そこでJコインペイは19年度中に法人向け経費精算サービスを始める。アプリ内にお金が定期的にチャージされる状態を作り出すことで、アプリの利用を習慣化させる狙いだ。「法人向け営業力と金融機関として培ってきた信頼感が武器になる」(齋藤氏)。

一方で、銀行勢には競争政策上の逆風が吹いている。

10月23日に公正取引委員会は、キャッシュレス決済のため利用者が銀行口座からお金をアプリにチャージする際、銀行が競争相手の決済事業者から徴収する手数料を割高に設定していることを問題視していると明らかにした。公取委の山田昭典事務総長は同日、「新規参入を抑える要因があれば、利用者の利便性向上や選択肢の拡大が妨げられることにつながる」と発言。金融機関独自の強みがあるとはいえ、銀行がキャッシュレス決済で巻き返すのは容易ではなさそうだ。

(藤原宏成)

「売らない店」の挑戦と勝算

丸井グループが運営する新宿マルイ　アネックス（東京都新宿区）に、2018年11月にオープンした「ワコムブランドストア新宿」。ペン入力のタブレット販売で世界首位のワコムが、常設の体験型ストアとして、丸井に店舗運営を委託する形で構えた。

約10坪の店舗にはさまざまな大きさのタブレットが10台以上設置されているが、販売はいっさい行われていない。顧客が自由に商品に触れられるショールームに徹している。顧客の作業環境に合わせた製品を薦めるなど、個別相談も受け付ける。

グラフィックデザイナーやイラストレーターといった描き心地にこだわる専門家に支持されているワコム製品の販路は、主にECや家電量販店だ。だが、ECでは実際に使用して試すことができず、家電量販店では買わないのに触っていると迷惑がられる――そうした顧客の声を聞き、ワコムはこの体験型店舗を開業した。

「この店舗では製品を売らないので、お客はプレッシャーを感じずに製品を試すことができる。今すぐではなくても、将来買ってもらえればよい」と、ワコムの西村祥一マーケティング担当マネージャーは話す。

ワコムブランドストア新宿には20～30代女性を中心に、平日で50人、休日では100人程度が来店するという。

「モノからコト」に照準

ECに押され、衰退の一途をたどるかに見えるリアル店舗。だが、生き残りを懸けて挑戦的な施策を打ち出す動きが出始めている。

首都圏を中心に駅前立地の商業施設を展開する丸井は、「モノからコト」へと消費トレンドが移っていることを捉え、4年ほど前から事業モデルの転換を進めてきた。現在は、モノを仕入れて販売する百貨店型から、飲食店などテナントの賃料収入をベースとするSC（ショッピングセンター）型へ完全に移行した。

丸井は、冒頭のような体験型店舗を積極的に導入している。体験型店舗や飲食店を「売らない店」と定義。19年3月期に全売り場面積の30％だった売らない店の営業面積を、24年3月期には60％まで引き上げる。従来型物販の店舗との比率を逆転させる方針だ。

「今やスマートフォンで、いつでも、どこでもモノを買うことができる。店舗で買うよりも、ネットのほうがよっぽどスムーズ。そうした事業環境で、店舗はどのように生き残っていくのか。その答えの1つとして、店舗の役割を販売する場所から『体験する場所』へと変えていく」と、丸井グループの青井浩社長は語る。

売らない店に加え、丸井が成長戦略として重視するのがEC事業者との連携。米アマゾンが17年にスーパー大手の米ホールフーズ・マーケットを買収したように、世界的にEC事業者側でも、顧客との接点としてリアル店舗の重要性への認識が高まっている。丸井は、EC事業者を積極的に自社の商業施設へ誘致するだけでなく、リアル店舗の運営ノウハウがないEC事業者からの店舗運営受託にも取り組んでいる。

とくに力を入れているのが、「D2C」（ダイレクト・トゥ・コンシューマー）と称される、SNSなどを活用した消費者との強い関係を強みとするEC事業者だ。ここ1～2年、米国で急成長を遂げており、日本でも数多くの企業が登場している。顧客との関係づくりに熱心であるため、リアル店舗との親和性が高い。

日本のD2Cの代表格ともいえるのが「FABRIC TOKYO（ファブリック トウキョウ）」。20～30代のビジネスパーソンを中心顧客に、ネットによるスーツやシャツのカスタムオーダーサービスを展開している。14年にファブリック トウキョウの運営を開始した当初は、ECのみの展開だったが、今では全国に16のリアル店舗を構える。そのうち7店舗が丸井への出店だ。

「ショールーム型のリアル店舗では売り上げが立たない。このモデルの店舗誘致に前向きだったのは当時、丸井さんだけだった」と、ファブリック トウキョウの森雄一郎社長は振り返る。

リアル店舗では販売は行わず、採寸と「趣味はサッカー」「スリムなパンツが好き」

など顧客の趣味・嗜好を把握したうえでデータ化。これらを基に多様な提案やサービスを開発している。最近では、洋服のサイズ直しができるサブスクリプションサービスや、3Dスキャンを利用した完全無人型店舗を展開する。顧客のリピート率は44・5%と、アパレル業界水準の1・5倍になっている。

「われわれが手がけるさまざまなサービスは、カスタマーエクスペリエンス（顧客が感じる心理的価値）向上につながる。リアル店舗を通じて顧客と距離が近いので、ダイレクトな訴求・情報交換ができる」（森社長）

10月25日、東京証券取引所マザーズに上場した無料のネットショップ作成サービスの「BASE（ベイス）」。利用店舗は80万店を突破、それらを束ねたショッピングアプリは500万ダウンロードに達する。そのベイスが18年6月、初のリアル店舗を渋谷マルイ（東京都渋谷区）に開業した。

■「売らない店」の誘致を積極化 ―丸井グループの売り場面積構成比―

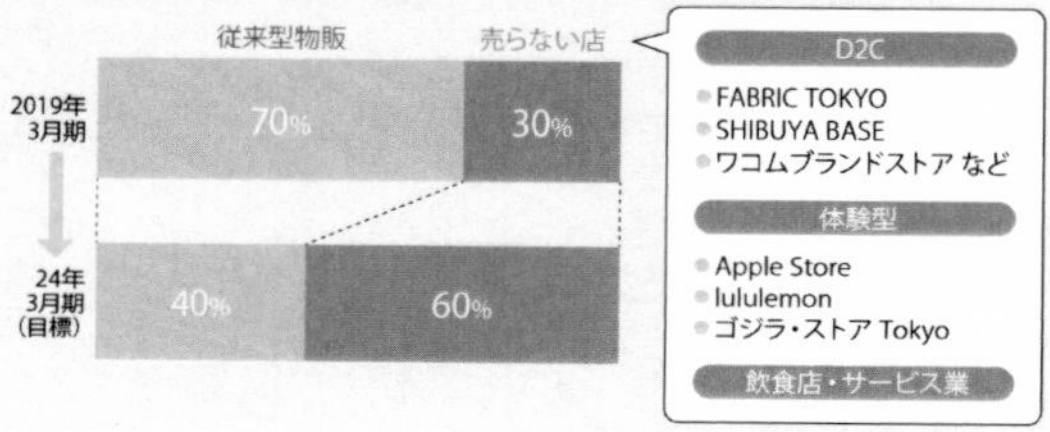

ECを販路とするファブリック トウキョウは丸井にリアル店舗を複数構える

BASEも常設店舗を渋谷マルイにオープンした

小規模ブランドも出店

実はこの店舗、ベイスでネットショップを展開する小規模ブランドが、3日〜1週間で入れ替わる形式。ベイスの鶴岡裕太CEOは「実際に商品に触れたり、オーナーに会えたりと、リアル店舗が提供できる価値は多岐にわたる」とその狙いを語る。

各ブランドは固定賃料の負担なしに、販売手数料15%をベイスに支払うだけで出店できる。アパレルが大型SCに出店する際の販売手数料は年々上昇傾向にあり、それと比較すると破格の条件だ。

ファブリック　トウキョウとベイスには丸井が出資している。丸井の青井社長は「ECは今後、大手に一極集中していく可能性がある。それでは面白くない。多種多様なものがある豊かな世界をつくっていかなければならない」と、その狙いを語る。

ECと連携した新しい店舗形態を模索するのは、丸井だけではない。ファーストリテイリング傘下のカジュアルブランド「GU（ジーユー）」は18年11月、東京・原宿に「売らない店」をオープンした。店舗にはコートやセーターといった商品が並ぶが、それはあくまで試着用で、インターネットでの購入を促す。店員は品出しやレジの仕事に追われる必要がなく、接客に集中できる。顧客の生の声を集めて、商品開発につなげる狙いもある。

丸井やファーストリテイリングが打ち出した試みは、大量販売を前提とするマスマーケティングから、個々の要望に応じるカスタマイゼーションへと、小売りの経営スタイルを変える可能性を秘める。リアル店舗とEC、双方の強みを融合させて、魅力的なサービスを確立できるかが、今後の勝敗のカギを握る。

(梅咲恵司)

米国で勃興する「D2C」の実態

資生堂は10月8日、スキンケアブランドを展開する米ドランク・エレファントを約900億円で買収すると発表した。12月には買収を完了する予定。資生堂の米国事業は赤字が続いており、体や環境に優しい天然由来の化粧品で急成長しているドランクを米国事業の立て直しの起爆剤としたい考えだ。

ドランク買収にはもう1つ理由がある。ドランクは「D2C」(ダイレクト・トゥ・コンシューマー)で成功を収めている企業だからだ。

D2Cは、EC(ネット販売)など自社チャネルを通じて消費者に直接商品を販売する事業形態とされ、近年小売業界で急成長し注目を集めている。ただし、定義は明確ではない。販売形態よりもインスタグラムなどで顧客と直接、強固な関係を築いていることが重要という声もある。

このため、「特徴のあるアイテムを単品で展開する事業者が多い」と、D2C事情に詳しい、EC基幹システムを提供するスーパースタジオの林紘祐社長は説明する。

米国では、多くのD2Cブランドが躍動する。一律95ドルで眼鏡を購入できる「ワービーパーカー」、2015年の創業1年目にスーツケース5万個を売った「アウェイ」などが注目される。

将来性が高く評価されており、未上場ながら企業価値が10億ドルを超える〝ユニコーン〟も登場。16年には蘭英ユニリーバがひげそりのサブスクリプションサービスを展開する「ダラー・シェイブ・クラブ」を10億ドルで買収。17年には米ウォルマートが、男性衣料品を手がける「ボノボス」を3・1億ドルで子会社化した。

ドランクは、アニメーションを用いたインスタグラム投稿や、消費者からのダイレクトメッセージへの機敏な対応など、「SNS上でのコミュニケーション能力が高い」（資生堂広報）という。資生堂はドランクのD2Cノウハウを取り入れる狙いだ。

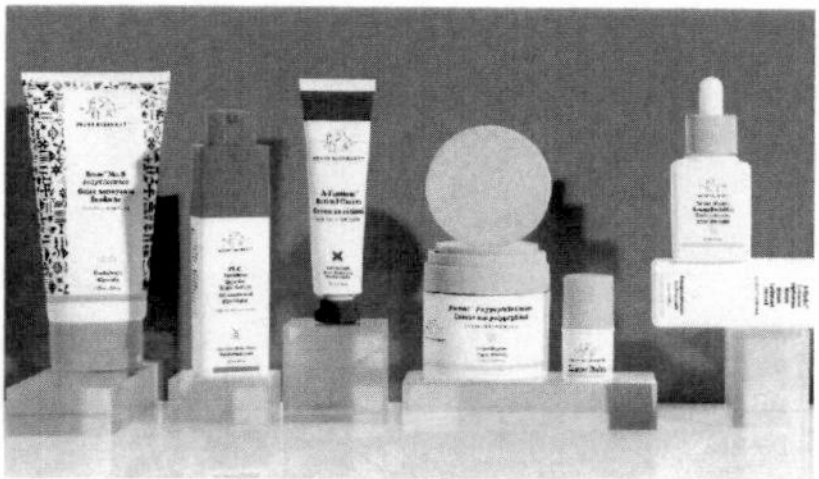

資生堂が買収する米ドランク・エレファントはコスメのD2Cに強みがある

■ 米国では多岐にわたるブランドが躍動
―注目のD2C事業者―

ジャンル	企業名	設立年	特徴
ファッション	BONOBOS	2007	男性用パンツブランド。チノパンなどのおしゃれなパンツを販売
ファッション	EVERLANE	10	製造にかかるコストや製造工場などを明示する「透明性」を訴求
眼鏡	WARBY PARKER	10	一律95ドルで眼鏡を購入できる。自宅試着も可能
スニーカー	ALLBIRDS	14	ニュージーランド産メリノウールを使用したスニーカーを販売
スーツケース	Away	15	創業1年目にスーツケース5万個を売り話題を集めた

(出所)取材を基に本誌作成

ユニコーン企業が続出

日本でも「ファブリック トウキョウ」や「BASE」、化粧品ECプラットフォームを提供する「ノイン」など、D2Cと位置づけられるベンチャーが次々と登場。事業内容も多種多様で、衣料やコスメ、食品・健康分野を手がける事業者が多い。

こういったD2C事業者とメーカーや小売企業が手を組む事例は今後増えるはずだ。現在は顧客ニーズが細分化しており、顧客一人ひとりの嗜好に応じた商品やサービスの提案が求められる。メーカーや小売企業はデジタルで顧客とつながることで、データを集める必要性が高まっている。「あらゆるビジネスにおいて、顧客と長期的な関係を築くことが重要になってくる」とファブリック トウキョウの森雄一郎社長は話す。

D2C側もリアル店舗の重要性を説く。ノインの渡部賢社長は、「リアル店舗を持つことは必要だ。競合する商品を店頭で比較したいというニーズはつねにある」と語る。事業提携の枠を超えて、資生堂のようにD2C事業者の買収に踏み切る大手企業も出てきそうだ。日本でもD2Cのユニコーンが誕生する日はそう遠くない。

（梅咲恵司）

INTERVIEW　丸井が見込んだベンチャー2社の戦略①

リアル店舗を積極的に出店　顧客との接点確保が重要だ

FABRIC　TOKYO　社長・森　雄一郎

オーダースーツなどを展開するD2Cブランドとしてスタートした2014年ごろから、国内でもD2Cのビジネスモデルを取り入れたブランドが増え始めた。ここ2年で多くのブランドが立ち上がり、その数は累計で3桁を超えるだろう。

当社は顧客との接点を確保する目的で、リアル店舗を積極的に出店する方針だ。20年の9月末までに現状の倍となる30店舗体制にする。

既存顧客に利用し続けてもらえるようなサービスも打ち出していく。19年9月に「ファブリック　トウキョウ　100」と名づけたサブスクリプションサービスを始めた。第1弾として、体形変化に応じた洋服の直しや、スラックスが破損した際の補修を月額税込み398円で行う。

ゆくゆくはコーディネートの提案やクリーニング、保管サポートといったサービスも加えていきたい。

海外展開もリサーチ中で、すでに出店依頼はいくつか来ている。創業時から世界に通用するブランドをつくることが目標だった。カルチャーや消費者マインドが違うので、ネットサービスは意外に国境を越えにくい。ただ、ユニクロや無印良品といった小売りブランドは世界でも浸透している。D2Cブランドも海外に展開しやすいと考える。

20年中には海外事業をスタートしたい。19年5月に丸井グループから10億円弱の出資を受けた。資金はある。

（構成・梅咲恵司）

森　雄一郎（もり・ゆういちろう）

1986年生まれ。大学卒業後ファッションプロデュース企業勤務を経てメルカリの創業期に参画。2012年FABRIC　TOKYO設立。

SNSで顧客を呼べるニッチ企業が主役の時代に

BASE　CEO・鶴岡裕太

当社のショッピングアプリを利用する事業者の中で、ブランド強化の目的からリアル店舗の活用を考える経営者が増えていた。そのことを2017年春に丸井グループの青井浩社長に相談したところ、期間限定店舗を丸井の商業施設3〜4店に出すことになった。

その後、「もっと踏み込んで協業しよう」という話になり、18年4月に丸井から出資を受けた。そして、同6月に渋谷マルイに常設店舗を構えた。

常設店舗には10月初旬までに100近くのブランドが出店している。基本的には3日〜1週間の期間で、どんどん切り替わっていく形式。ブランドの負担は販売手数料15％のみだ。使い方はブランド側に委ねているが商品を試せたり、オーナーと会話ができたり、リアル店舗が提供できる価値は豊富にある。
マーケティング費用をかけなくても、SNSを駆使して顧客を呼べるブランドが出てきている。そういった小規模ブランドが、BASEのサービスを利用している。集客力のある楽天や米アマゾンのプラットフォームに依存したいブランドは、そうしたほうがよい。
ただ、大衆に対してコモディティー（一般的な商品）化したものを売るのではなく、小さな需要に小さな供給で応えていくような動きが、次の時代の「うねり」になるのではないか。その一角にベイスが入れている意味は大きい。

（構成・二階堂遼馬）

鶴岡裕太（つるおか・ゆうた）
1989年生まれ。大学在学中にネットショップ作成サービス「BASE」プロジェクトを開始。2012年に22歳でBASE設立。

ユニクロ、「EC本業」宣言の真相

ECを本業にする——。ファーストリテイリングは、10月10日に開催した2019年8月期の決算説明会でそう打ち出した。

もちろん、ユニクロを軸に世界で約3600店舗を展開する同社が、ECを主、リアルの店舗を副と位置づけたわけではない。前期の売上高全体に占めるEC比率は11%。一見低く思えるが、2583億円というEC売上高は国内アパレル企業で断トツだ。さらにECでの注文商品の受け取りといった店舗との連携サービスの拡充、海外でのEC展開国の拡大などにより、中長期的に30%を目指す。

逆にいうと、中長期でも70%は店舗経由となる。日下正信グループ執行役員は「最高の店舗と最高のECを融合させ、世界中のお客様に選ばれるブランドになる」と強調する。つまり、店舗もＥＣも一層の成長を追い求めるわけだ。

本業宣言には、ＥＣを全社のビジネスモデル変革に活用する狙いがある。注力するのが、柳井正会長の肝煎りで１７年に始めた「有明プロジェクト」。企画から生産、物流、販売に至る各工程で有明の本社に情報を集約し活用することで、商品企画の精度向上や無駄な在庫の削減を図る。

顧客一人ひとりのデータを細かく取得できるＥＣの拡大は、そのための大きな武器となる。例えば、新商品のネット先行販売では、購入まで至らない顧客の関心具合も分析できるため、生産の機動性を飛躍的に高められると期待する。

国内のユニクロでは、顧客からの問い合わせにおいて電話やメールよりチャットが利用されている。そのやり取りを解析し、商品やサービスに反映させることも模索する。

もくろみどおり変革が進めば、収益力はさらに高まる。ＥＣ拡大はほかのアパレル企業との差を一段と広げる布石になりそうだ。

（真城愛弓）

壁にぶち当たったEC企業　リアル店舗に訪れたチャンス

ファッション流通コンサルタント・小島健輔

ユニクロを展開するファーストリテイリングが「ECを本業にする」と宣言し、百貨店アパレルのオンワードホールディングスが「ECで5割を売る」と言って店舗の大量閉鎖に踏み切るなど、あたかもECが店舗に取って代わる勢いで伸びているように見える。だが現実は違う。

むしろECの成長力は壁にぶち当たっており、ZOZOがPB（プライベートブランド）で墓穴を掘ったのも、ヤフー（現Zホールディングス）に買収されたのもすべて、この潮目の変化に起因している。

順風満帆に成長を続けてきたECは今、急激なコストアップで収益が圧迫され、それを送料に転嫁して顧客が離反し、店舗を持つ小売企業の反撃にさらされている。その引き金を引いたのが、宅配業界首位のヤマト運輸だった。

ドライバーの不足と過重労働を理由にヤマトは2017年10月、業界の先陣を切って宅配料金の大幅値上げを実施し、佐川急便や日本郵便も追従した。EC事業者など大口法人との値上げ交渉も、18年秋までに一巡した。

個人や小口法人への値上げ幅は15%程度だったが、大口法人向けの料金は30〜46%も跳ね上がった。倉庫作業の人件費上昇も追い打ちをかけ、EC事業者は手数料の値上げや顧客に対する送料・会費への転嫁を強いられた。

実際、ZOZOタウンを運営するZOZOの荷造り運賃(宅配外注費)単価は16年度の390円から18年度は570円と2年間で46%も上昇。同期間で取扱高に対する荷造り運賃費率は4・2%から6・3%に上がった。倉庫作業の人件費も含めた物流費は収益を大きく圧迫し、そのプレッシャーが、第2の収益柱確立へと急いだPBの大失策につながった可能性は否定できない。

ダメージを受けたのはZOZOだけではない。衣料品通販サイト「SHOPLIS

T（ショップリスト）」は、売上高に対する物流費率が11・5％から15・7％に高騰。運営会社のクルーズは営業赤字に転落した。アマゾン日本法人も推定46％もの宅配料金値上げで収益性が悪化し、出品手数料やプライム会費の値上げに追い込まれた。

■ 物流費の急上昇が経営を圧迫
―ZOZOとSHOPLISTの物流指標比較―

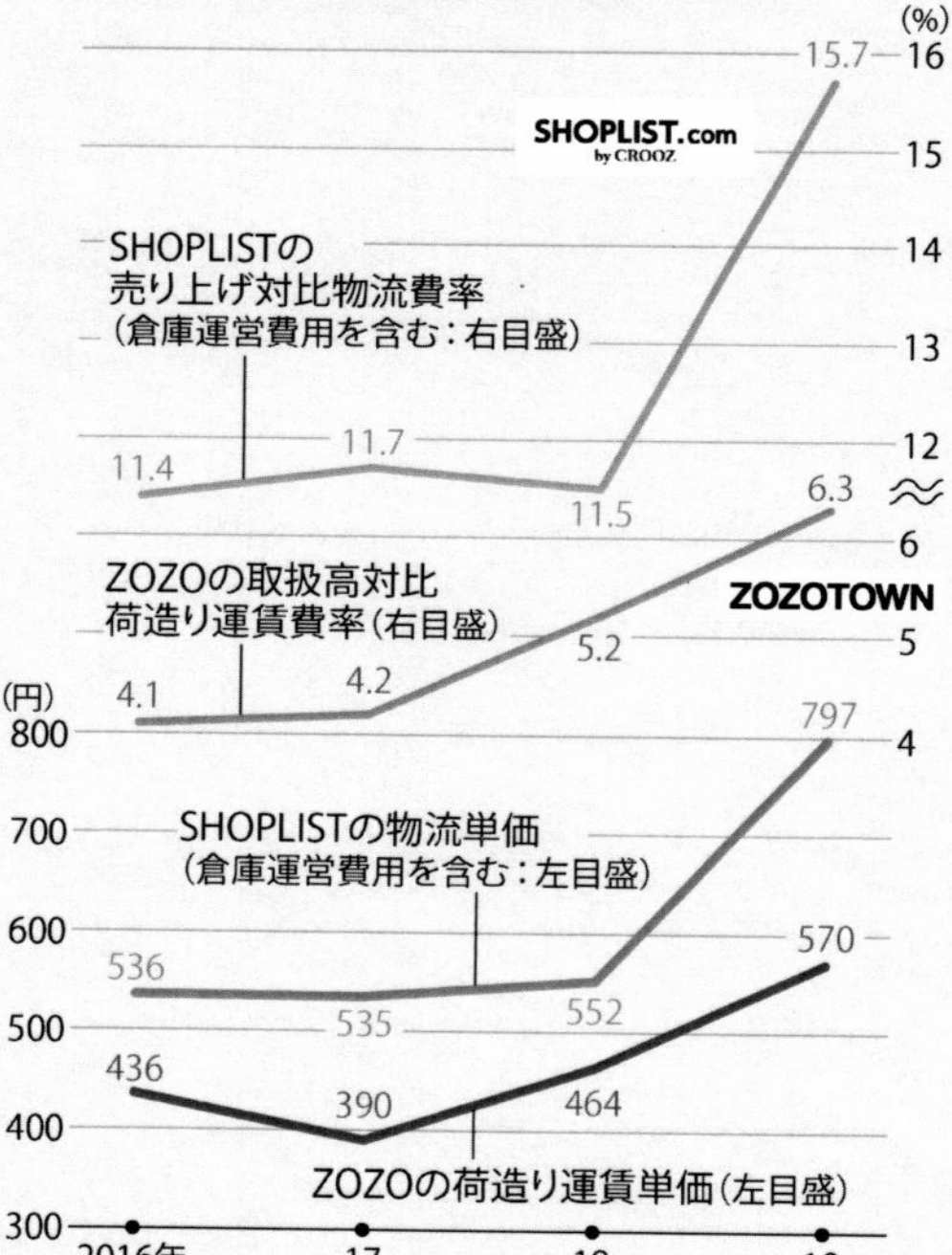

(注)各3月期
(出所)各社決算書を基に小島ファッションマーケティング作成

もともと宅配料金が日本の倍以上も高かった欧米では、すでにEC事業者と店舗小売企業の攻守が逆転しつつある。その決定打となったのが、C&C（クリック&コレクト）の拡大だ。

C&Cとは、ECでの注文商品を店舗や特定の受取所で渡したり、店舗から顧客に出荷したりするサービスのこと。店舗まで商品を一括配送し、店舗から出荷する際はコストの低い地場の運送業者や「ウーバー」を使うことで、高い宅配料金を回避できる。

C&Cは配送費用の負担圧縮以外にもメリットが多く、日本でも宅配料金の値上げを契機に広がり始めている。顧客からすれば手早い受け取りや現品確認が可能となり、売り手にとっても顧客が商品を受け取りに来店した際に売り上げ増加が期待できる。

米国では、小売り大手のウォルマートやターゲットが送料無料どころか、家具や家電といった大型商品の「店舗受け取り値引き」まで打ち出し、アマゾンを押し返している。

ZARAを展開するアパレル世界最大手のインディテックスは、18年にC&Cへのシフトを決断。EC専用倉庫の拡張をやめて店舗在庫を充実させ、注文者に店舗で渡したり、店舗から出荷する体制に切り替えた。その結果、ECだけで購入していた顧客が来店を契機に店でも購入するようになり、店舗売り上げは目に見えて上向いた。

■ 在庫を持たない「ドロップシッピング型」の配送が増えている
—ECプラットフォーマーの業務フローとC&C（クリック&コレクト）—

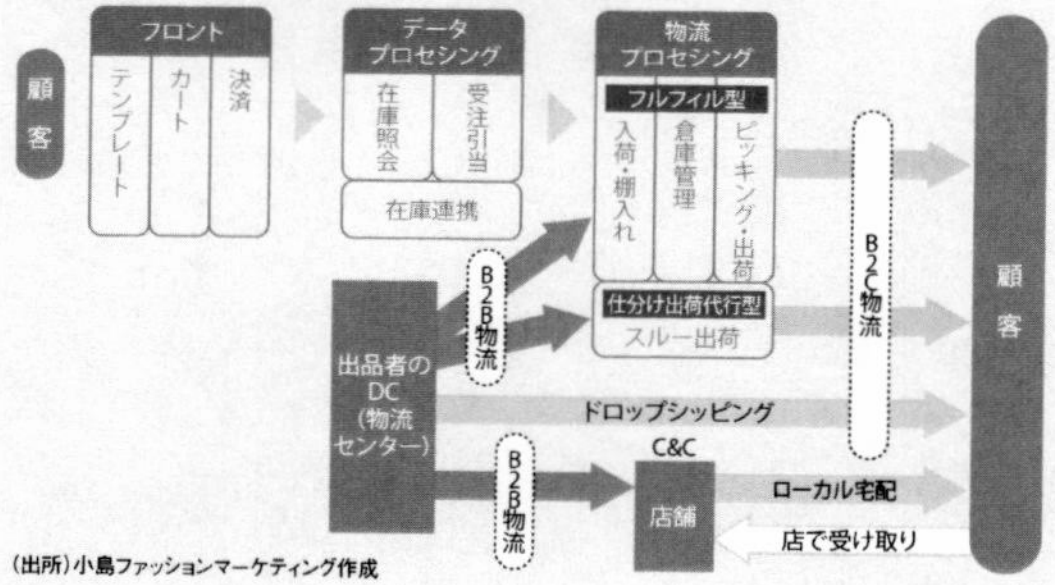

（出所）小島ファッションマーケティング作成

「タダで届く」は必須

ＥＣ事業者は物流費が安い時代は優位に立てたが、物流費が高騰する中、Ｃ＆Ｃを活用できる小売企業への太刀打ちは難しくなった。欧州ではＥＣ事業者が数千カ所の受け渡し場を確保し、米アマゾンは高級スーパーのホールフーズ・マーケットを買収して対抗しているが、店舗小売企業に比べ追加投資の負担は重い。

かつて「タダで届くと思うんじゃねえよ」とＳＮＳで言い放ったＥＣモールの経営者がいたが、どの利用者アンケートでも、ＥＣ購入に当たって重視する要件は①送料タダで届く、②速く届く、③試せる・返せる——の3点で共通する。多くのＥＣ事業者が利用する、ヤマトなど全国区の宅配便は送料の高さとスピードの遅さが避けられず、Ｃ＆Ｃを駆使して3つの要件をそろえる小売企業のＥＣには到底かなわない。

それだけに、宅配料金の値上げで大半のＥＣ事業者が送料徴収に転じたのは致命的な判断ミスだった。１9年に入ってもＣ＆Ｃを駆使する店舗小売業のＥＣは伸びているが、店舗を持たないＥＣ専業者の伸びは鈍化している。

店舗受け取りの増加や地場の宅配業者への切り替えも影響し、宅配便大手3社の取扱個数は値上げ以降、伸びが鈍っており、19年4～6月期では前年同期比0・9％増と停滞。ポスト投函の「ネコポス」や「ゆうパケット」を除けば減少に転じている。「タダで届く」はECの必須要件だったのだ。

宅配業界では高コストのハブ&スポーク型大手業者による寡占が維持されてきたが、C&Cが広がれば宅配業者の勢力図も一変しかねない。

全国区大手宅配業者の物流システムでは、ドライバーが集荷した荷物を各エリア拠点から広域のリージョナル拠点に集約して方面別に仕分ける。それを夜間にリージョナル拠点間で輸送した後、エリア別に仕分け、さらにエリア拠点でドライバーの担当区域別に仕分ける。この4回の積み替えで膨大な作業と時間を要する。

対してC&Cでは、店舗や受取所まで一括配送し、店舗から近い注文者までの「ラストワンマイル」のみ宅配を活用する。この流れが続けば店舗物流に強い佐川がヤマトを圧倒し、ラストワンマイルでは中小の地場宅配業者やウーバーが大手に取って代わる。

宅配料金の値上げ後、ＥＣ事業者や出品者の間では、コストが安く機敏な地場運送業者の買収や、自営運送業者の組織化の動きも広がっている。ヤマトは自己都合の値上げで、自滅の引き金を引いたのだ。

“裏儲け”のないZOZO

ＥＣ事業者の構造は①フロント（サイトの構築・運営など）、②決済、③在庫の引き当てシステム、④出荷倉庫の運用、⑤宅配物流――といった主に5つの過程からなる。

すべてのＥＣ事業者にとって費用負担が大きいのが、④「出荷倉庫の運用」と⑤「宅配物流」だ。

倉庫運用の方法でＥＣモール取引は3つに大別される。在庫をあらかじめ預かって棚入れし、ピッキングして仕分け・出荷する「フルフィル型」、受注に応じて出品者から商品を受け取り、仕分け・出荷する「仕分け出荷代行型」、受注と決済は行うが顧客への出荷は出品者に任せる「ドロップシッピング型」だ。

フルフィル型は在庫を預かる倉庫の賃料やピッキングの作業コストがかさみ、手数料を取っても逆ザヤになりかねない。出品者にとっても在庫の保管場所が分散され、C&Cを進める障壁となってしまう。業界通なら、「ZOZO離れ」の本当の理由はフルフィル型への固執だと知っている。

モール側が課す手数料率はフルフィル型が最も高く、仕分け出荷代行型、ドロップシッピング型の順に低くなる。

物流費の高騰以降、急増しているのがドロップシッピング型で、フラッシュセールサイト（日替わりでセールが行われるサイト）など後発のECモールでは主流になっている。出品者にとって、手数料の低さや配送の速さなどドロップシッピング型のメリットは突出しており、EC事業者にとってもコストがかさむ物流業務を回避できる。今後、ECモールはドロップシッピング型へ収斂していくだろう。

一方、②の「決済」を自社で行うEC事業者は、取扱高が1兆円超の楽天やアマゾンに限られる。ZOZOはツケ払い以外でも、オンライン決済の大部分をGMOペイメントゲートウェイに依存してきた。ヤフーによるZOZO買収で売り上げが落ち込むと失望した投資家の見切り売りが出て、GMOペイメントゲートウェイの株価は一時急落したほどだ。

ZOZOの限界は、そこにあったという見方もできるだろう。

ECモールやSNSなどプラットフォーマーのビジネスモデルには表と裏があり、収益の大半を裏で稼いでいるケースが多い。

SNSは利用者には課金しないが、広告やパーソナルマーケティングサービスで膨大な収益を得ている。アマゾンのECは薄利だが、クラウドサービス「AWS」で稼いでいる。楽天も同様で、テナントの売り上げに対する課金は薄利ながら、3・4兆円というキャッシュフロー（18年12月期の国内EC流通総額）をベースに、決済手数料やポイントで収益を上げている。

そんなロジックに手が届かなかったのがZOZOの悲劇で、楽天のように決済やポイント、あるいはフェイスブックのように広告やマーケティングサービスで稼げるビジネスモデルに転ずるべきだった。3000億円の取扱高では見果てぬ夢だったかもしれないが、GMOペイメントゲートウェイに支払っていた決済手数料（取扱高対比

2・8%）が自らの収益に転ずるだけでも、物流費高騰の大半を吸収できたのではないか。

プラットフォームビジネスの肝は、巨大なキャッシュフローをベースとしたファイナンス、顧客層をベースとした広告やパーソナルマーケティングサービスによる収益だ。それを可能とする規模に到達しないことには、化けようがない。

裏の収益構造を確立する前に表のビジネスが勢いを失えば、未来は閉ざされる。ECビジネスの黄金期はすでに終わり、表のビジネスには同業や小売企業との激しい競争が迫っている。アマゾンや楽天に続いて、ビッグへのエスカレーターに乗れるのはどこになるのだろうか。

小島健輔（こじま・けんすけ）
慶応大学商学部卒業。大手婦人服専門店チェーンに勤務した後、小島ファッションマーケティング設立。著書に『店は生き残れるか　ポストECのニューリテールを探る』など。

【週刊東洋経済】

本書は、東洋経済新報社『週刊東洋経済』2019年11月9日号より抜粋、加筆修正のうえ制作しています。この記事が完全収録された底本をはじめ、雑誌バックナンバーは小社ホームページからもお求めいただけます。

小社では、『週刊東洋経済eビジネス新書』シリーズをはじめ、このほかにも多数の電子書籍ラインナップをそろえております。ぜひストアにて「東洋経済」で検索してみてください。

『週刊東洋経済eビジネス新書』シリーズ

No.305　不動産バブル　崩壊前夜
No.306　ドンキの正体
No.307　世界のエリートはなぜ哲学を学ぶのか
No.308　AI時代に食える仕事・食えない仕事
No.309　先端医療ベンチャー

No.310　最強私学　早稲田　vs.　慶応
No.311　脱炭素経営
No.312　5G革命
No.313　クスリの大罪
No.314　お金の教科書
No.315　銀行員の岐路
No.316　中国が仕掛ける大学バトル
No.317　沸騰！再開発最前線
No.318　ソニーに学べ
No.319　老後資金の設計書
No.320　子ども本位の中高一貫校選び
No.321　定年後も稼ぐ力
No.322　ハワイ vs.沖縄　リゾートの条件
No.323　相続の最新ルール

週刊東洋経済eビジネス新書　No.335
EC覇権バトル

【本誌（底本）】
編集局　二階堂遼馬、長瀧菜摘、佃　陸生、梅咲恵司、真城愛弓、藤原宏成
デザイン　熊谷直美
進行管理　下村　恵
発行日　2019年11月9日

【電子版】
編集制作　塚田由紀夫、長谷川　隆
デザイン　大村善久
制作協力　丸井工文社
発行日　2020年6月29日　Ver.1

発行所　〒103-8345
東京都中央区日本橋本石町1-2-1
東洋経済新報社
電話　東洋経済コールセンター
03（6386）1040
https://toyokeizai.net/
発行人　駒橋憲一

電子書籍化に際しては、仕様上の都合などにより適宜編集を加えています。登場人物に関する情報、価格、為替レートなどは、特に記載のない限り底本編集当時のものです。一部の漢字を簡易慣用字体やかなで表記している場合があります。本書は縦書きでレイアウトしています。ご覧になる機種により表示に差が生じることがあります。

※本刊行物は、電子書籍版に基づいてプリントオンデマンド版として作成されたものです。